株で「1日だけ億り人」に2度なった男

一日天下人から破産まで、そして…

原作 ニートレD&Rよーへー
原案 鳴《なる》海《み》 薫《かおる》
漫画 あまのえりこ

彩流社

株で「1日だけ億り人」に2度なった男【目次】

1章 株との出会い

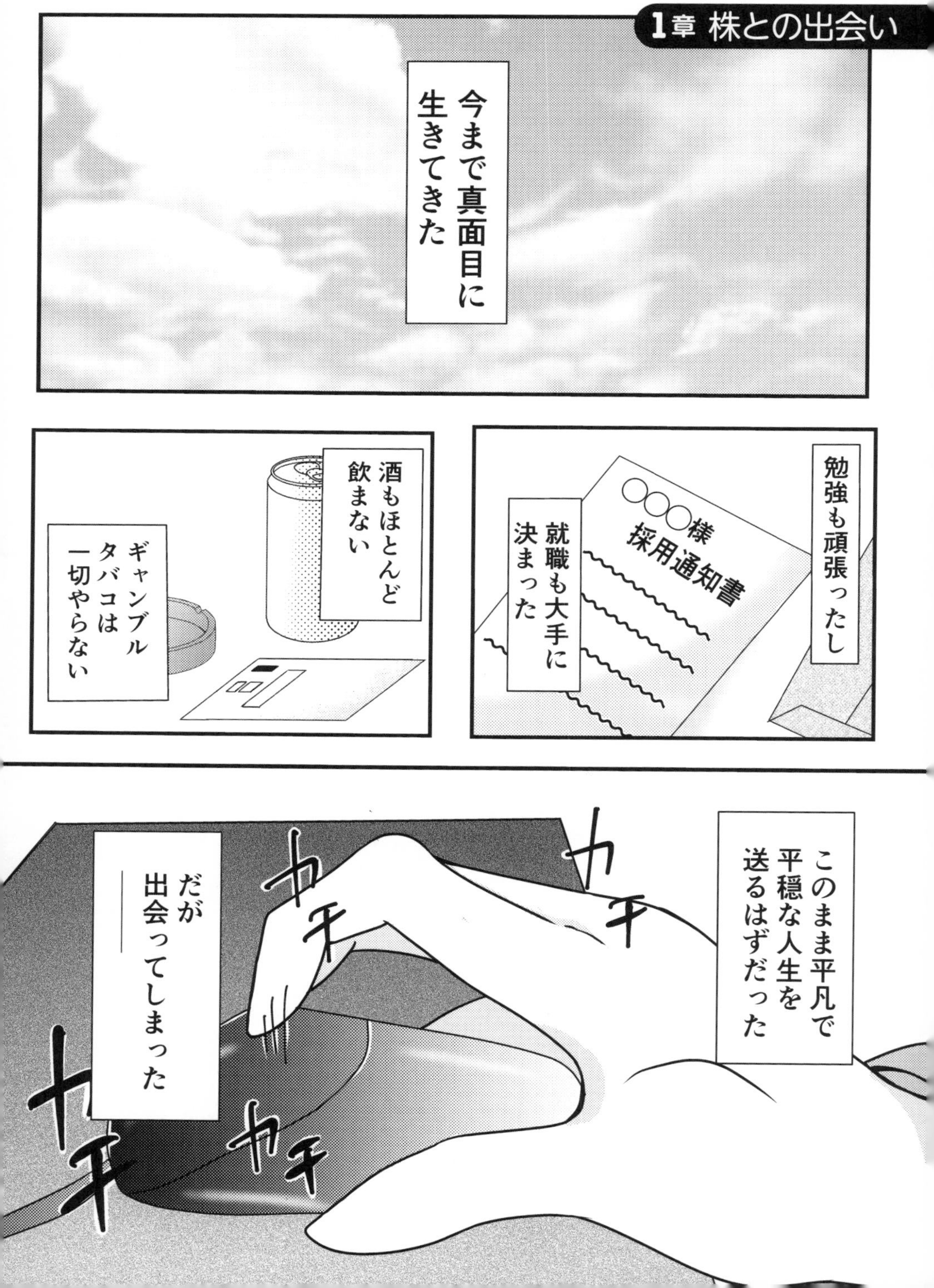
今まで真面目に
生きてきた
勉強も頑張ったし
〇〇〇様
採用通知書
就職も大手に
決まった
酒もほとんど
飲まない
ギャンブル
タバコは
一切やらない
このまま平凡で
平穏な人生を
送るはずだった
カチ
カチ
だが
出会ってしまった
——
カチ
カチ
カチ
カチ

株に
現在値↑
PBR
配当
配当落日
時価総価
この出会いが
俺の人生を
とんでもなく
波瀾万丈で
刺激的なものへと
変えていったんだ
カチ
カチ
カチ
カチ
カチ

2005年——
大手企業に内定を決めた俺は
残りの大学生活を持て余してた
コンコン
ジュン！
ガチャ
今からスロット打ちに行くけどお前も来る？
ジュンの兄 リョウ

スロット？
兄ちゃんすきだねぇ
どーせ暇だろ？ちょっとだけやってみろよ
ストン
うーん
むくっ
まぁ確かに兄ちゃんは結構稼いでるみたいだし
どうせ他にやる事もないしな
いいよ行く
よし！打ち方は俺がレクチャーするから安心しろ
頼もしいね
じゃあ行くぞ！用意しろ
え!?今すぐ!?
早く行かないと良い台無くなっちゃうんだ
へぇー

パチンコ
へえ
そうだなー
この台なんか良いと思う
兄に言われるまま台に座り
これ押して
教えられた通りに打った
3時間後

ジュン～
そろそろ飯食いに行くけど
いや…
俺はいい
お…おぉ
そっか…
たじっ
更に7時間後…
ジュン!!

お前…
そろそろ…
どっきり
兄ちゃん！スロットって面白いね!!
ジャラ
ジャラ
え…あ…
そ…そうだな…
パチン

10…11…12…
壱万円
ペラ
ペラ
12万……
ほう
すっげー
数か月分のバイト代が1日で稼げちゃったよ!!
それがスロットの魅力なんだな〜
バイトじゃ1日に稼げる額には限界があるもんな
にしてもジュンのハマりっぷりには恐れ入るけど
そっか…こういう稼ぎ方もあるんだね…
この日を境に俺はスロットにのめり込んだ
10000
壱万円

兄の助けもあり
スロットはすぐに
安定して勝てるように
なった
スロットに明け暮れ
季節は気付くと
冬になっていた
カンパーイ
カチーン
おつかれー
忘年会
一年って早いよな?
俺はまだ9月くらいの感覚なんだけど
それはさすがにヤバいって
あはは
カラカラカラ

始まったばっか？
遅くなってごめんごめん
ジュンの中学時代の先輩
ジュンお疲れ
あお疲れ様です！
いやぁ参ったよ雪で電車停まっちゃってさ
センパイその時計カッコいいですね！
あぁコレ？

この前買ったんだ
株で結構儲かったからさ
フフン
株…って投資のですか？
そうそう！
株はいいぞ〜 金が増えれば その分稼げる額も どんどん上がるし
普通の仕事じゃ あり得ない額も 短時間で稼げるからな!!
株は スゴイ
例えば いくらぐらい……？
あのな

100万!?
ざわっ
バカ!!
声デカい!!
ずみまぜん
もごもご
100万って・・・
一日でですか?
ぼそっ
そうだよ
先輩の話は衝撃的だった
バイトは勿論
スロットでさえ一日
100万という金額は
到底稼げない
そんな金
臓器でも売らなきゃ
手に入らないだろ

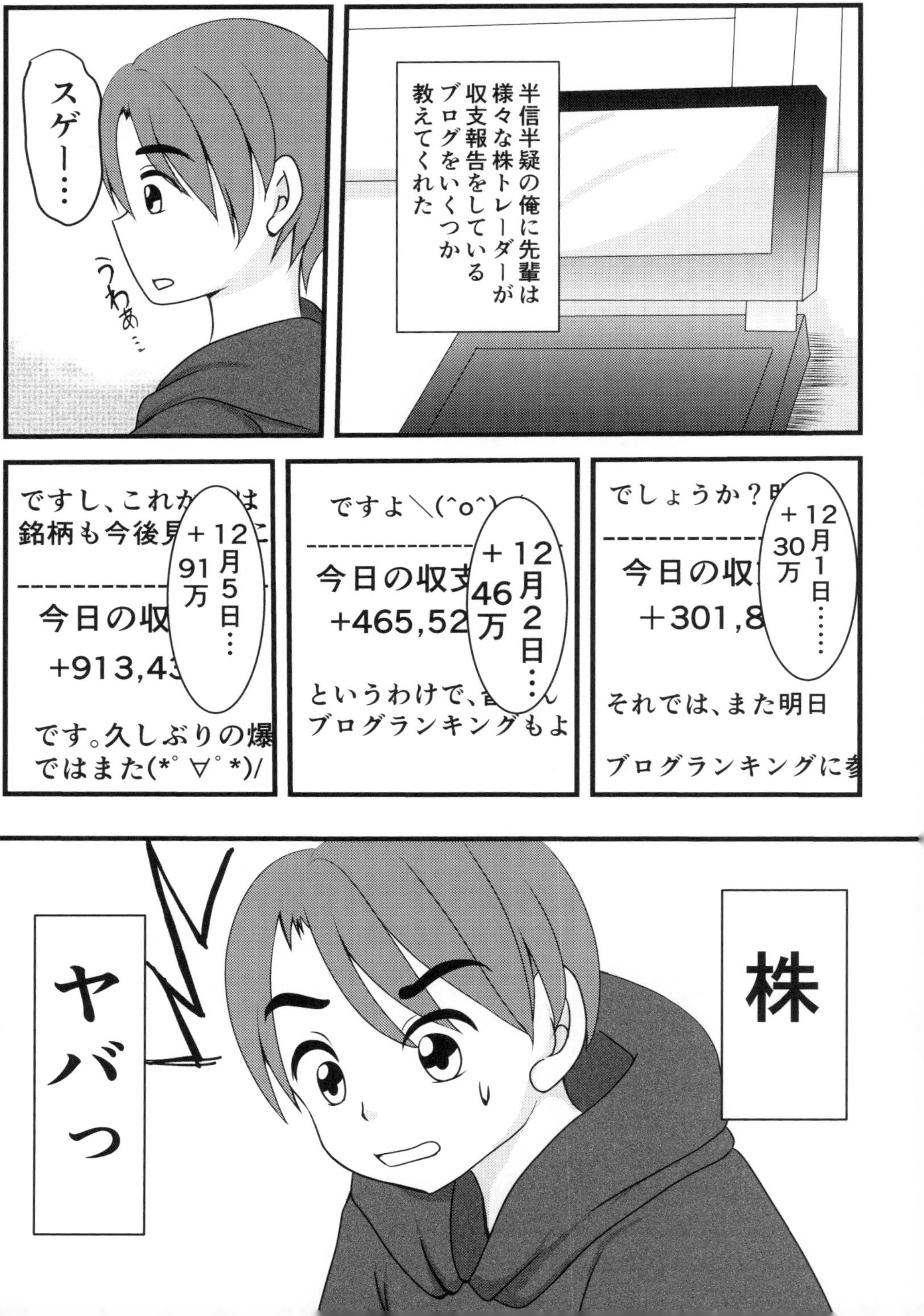
半信半疑の俺に先輩は様々な株トレーダーが収支報告をしているブログをいくつか教えてくれた
スゲー…
うわぁ…
でしょうか？
今日の収
＋301,8
それでは、また明日
ブログランキングに
12月1日……+30万
ですよ＼(^o^)
今日の収支
+465,52
というわけで、
ブログランキングもよ
12月2日…+46万
ですし、これか
銘柄も今後見
今日の収
+913,43
です。久しぶりの爆
ではまた(*゜∀゜*)/
12月5日…+91万
株
ヤバっ

スロットだって一日に20万ちょいが限界だ※
30万以上毎日勝つなんて無理だ
※2005年当時
ごくっ
でも
株なら…
株……かぁ…

ジャラ
ジャラ
ジャラ
ジャラ
ジャラ
ジャラ
ジャラ
ジャラ
キュイン
キュイン
株は
いいぞ〜

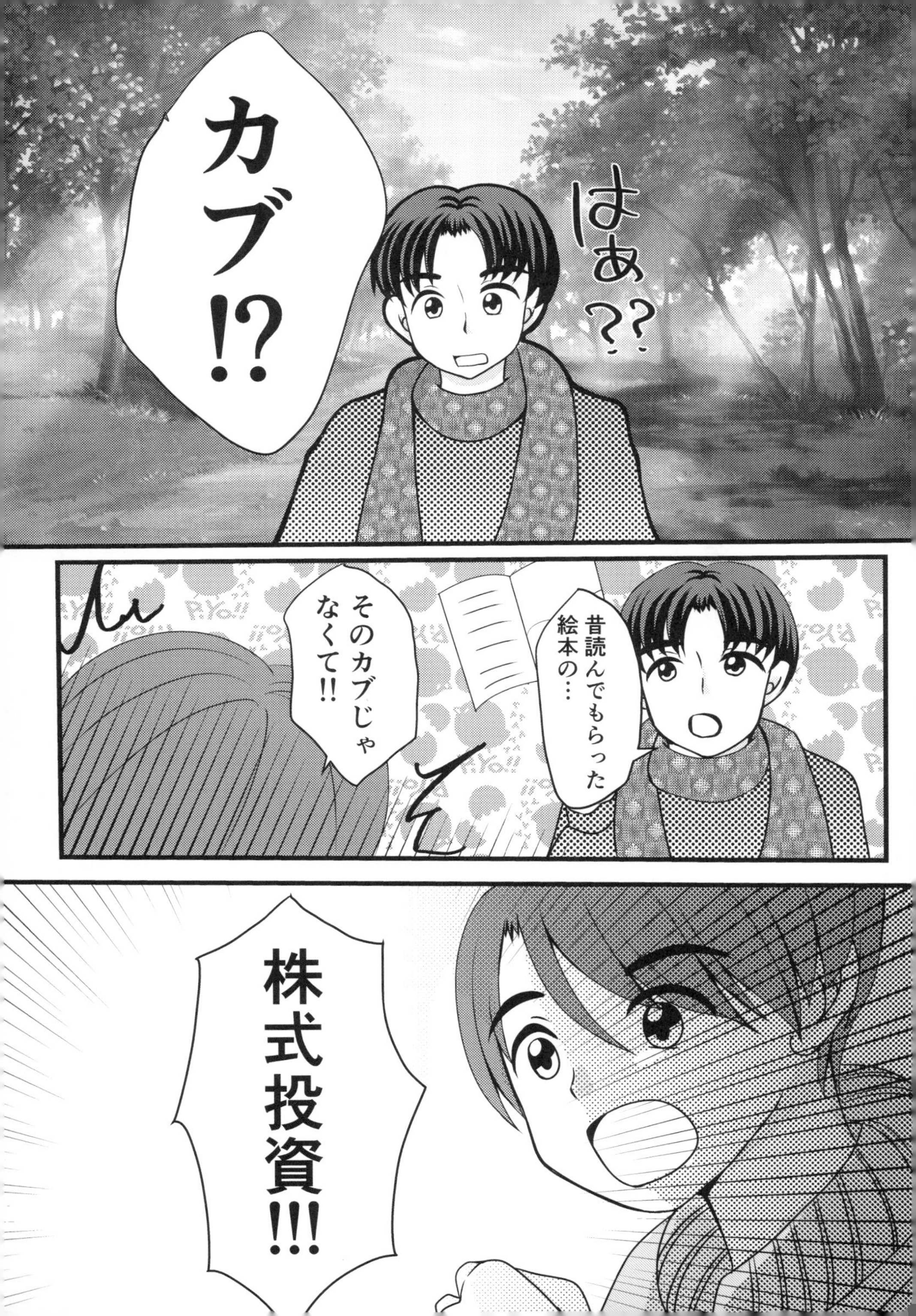
はぁ??
カブ!?
昔読んでもらった絵本の…
そのカブじゃなくて!!
株式投資!!!

カブってあの毎日ニュースとかでやってる
アレ??
ジュンが!?
本気でいって…
スッ
スロットで稼いだ金がある
!!
これを資金にする
……

もう決めたんだ
俺は株で大金持ちになる!!
ジュンは一度決めたら一直線だからな…
はぁ
良くも悪くも…
根っからの真面目人間だったジュンが…

株か…
2005年の暮れ——
俺はスロットで稼いだ30万を握りしめて
証券口座の開設申込をした

当時は株バブルのような状態だったらしく
50万からの 株式投資
50万からの 株式投資
50万からの 株式投資
50万からの 株式投資
トレードとは
億で稼ぐ
世間でも株の話題は度々上がっていた
テレビの株特集なんかも前より真剣に見るようになっていた
株で億を超える利益
職業はトレーダー
そんな中2006年を迎えて間もなくあのライブドア事件が起こる
速報
速報です証券取引法違反容疑で東京地検特捜部は——

まだ取引を始めてなかった俺はこの事件にピンと来てなかった
日本市場は翌日から大暴落を起こす
株はたった一つの出来事で天国にも地獄にも簡単にいけるんだ
それを理解できていれば――
ちうん
俺の株人生はもう少しマシなものになったかもしれない
……口座開設……完了!!
スッ
口座開設完了のお知らせ
2006年1月
俺は株式投資の世界のスタートラインにたった

2章 稼いでは溶かす無限ループ

もう荷物ない？
うん
やっぱ引っ越しって大変だな
兄ちゃんもでしょ？再来週だっけ？
まぁぼちぼち始めるわ
——じゃあ行くね

2006年の春
俺は22年間過ごした家を離れ
社会人となった
入社して新人合宿が始まった
慣れない環境で苦労もあったが
楽しみもあった
酒も覚え
気の合う同期と夜に集まって飲む時間は貴重だった
だよなー
バカだなー
でもさ ここに就職できて良かったよ
給料楽しみで仕方ないんだけど！
確かに！ 給料だけはマジで良いもんな

俺 外車でも 買っちゃおうかな～
あ！ 俺も新しい車 ほしいんだよね
ローン組んだとして いくらぐらいまでなら 出せるかな？
あー でも時計もほしい やつあってさ～
給料の使い道 かぁ……
車も時計も 興味ないなぁ…
ぐびっ
――株
俺が 金を入れる先は 株しかない―

でも合宿中はケータイしか使えないし
まともなトレードは不可能…
ムムム
早く
トレード!!!
したい!!!
早く株を……
トレードを…!
株!!!
トレード!!!

2006年5月1日
普通預金 8
(兼お借入明細)
記号
112
K251
残高
111,922
471,113
お預り金
359,191
お…
おおおお
待ちに待った初任給
そして待ちに待った——

——GW《ゴールデンウィーク》!!!
ドーン
株
チャート
攻略
ドーン
ドーン
8時59分…
もうすぐだ
8:59

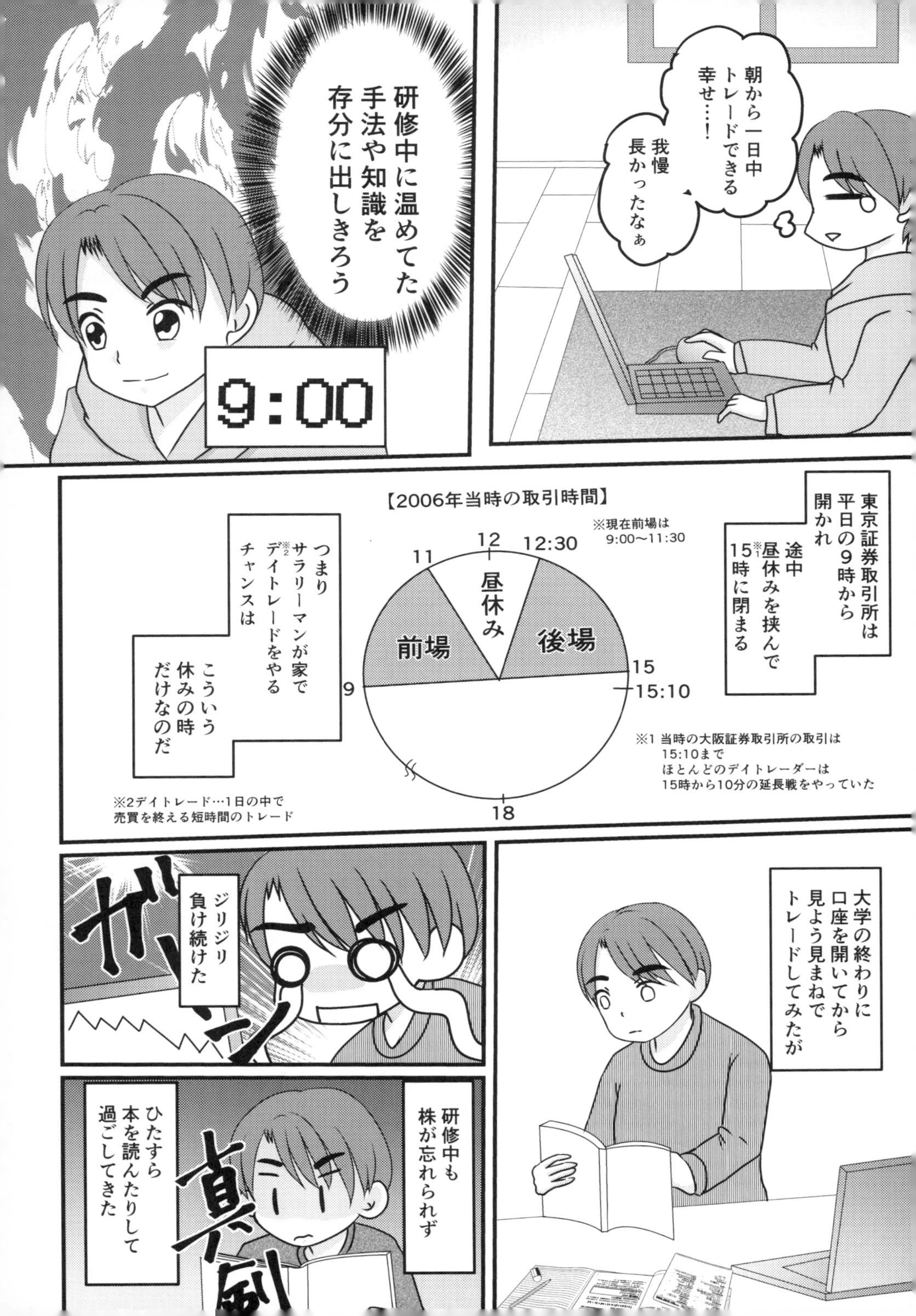
朝から一日中トレードできる幸せ…!
我慢長かったなぁ
研修中に温めてた手法や知識を存分に出しきろう
9:00
東京証券取引所は平日の9時から開かれ
途中昼休みを挟んで※1 15時に閉まる
【2006年当時の取引時間】
※現在前場は 9:00〜11:30
12
12:30
11
昼休み
前場
後場
15
9
15:10
18
※1 当時の大阪証券取引所の取引は15:10まで
ほとんどのデイトレーダーは15時から10分の延長戦をやっていた
つまりサラリーマンが家で※2デイトレードをやるチャンスは
こういう休みの時だけなのだ
※2デイトレード…1日の中で売買を終える短時間のトレード
大学の終わりに口座を開いてから見よう見まねでトレードしてみたが
ジリジリ負け続けた
研修中も株が忘れられず
ひたすら本を読んだりして過ごしてきた

ずっと待ち続けた——
こうしてまたデイトレでリベンジできる日を—
よし! 利確※!!
※利益確定のこと
9：15
えーっと
ここを抜けてきたから…
買い………かな?
10：35
おぉ! いいぞ!
上がってきた!
14：05
あ〜 疲れた〜
15：11

でも
今日だけで
3万も勝てた
デイトレなら
勝てるんだ…！
じぃ～ん…
結局GWの
トレードでは
45万の資金を
50万に
増やすことが
できた
6月
研修を終え
営業所に
配属された
田中！
俺のアポに
同行しろ
※ジュンの名字
あっ
はい！

10時から商談入った 急いで見積り取ってくれ
わかりました!
研修の時より株は見れるけど GWの時みたいにはいかないなぁ
でもトレードしたいなぁ
田中できたか?
すみません! すぐやります!!
あたふた
ヤバイ
仕事しながらでも株で勝つ方法…
何かないかな…
はぁ…

株主優待で暮らそ
う〜ん…
１０万円を10年間で1億に！！
なんかちょっと違うんだよなぁ
はっ
これだ!!
サラリーマンが株で億り人 スイングトレード入門

ストップ高銘柄を「スイングトレード」か…
※スイングトレード…1日以上時間をかけて売買するトレード
デイトレードより時間軸の長いトレード
株には「制限値幅」というものがあり
その日どれだけ買いたい人がいても制限値幅を超えて売買することはできない
1000円の株 …制限値幅±200円 ※当時の値幅
1000円の株
1200円でいいから買わせて!!
1100円でほしい!!
1150円で買う!!
わ—
わ—
買い手が殺到してその日の最高値をつけた銘柄を「ストップ高銘柄」という
ざっくり言うとストップ高銘柄を翌日の朝に買って更に上がったところを売る——
というのが本に書いてある手法だった
売る
買う
ストップ高
11:00
10:00
15:00
4:00
ぐっ
よし! 明日からこれでいこう!

おはようございます！
なんだ田中朝から上機嫌だな
そうっすか？
前日のストップ高銘柄の中で良さそうなものを選んで買い予約を入れておいたんだ
俺は仕事に集中して昼休みになったらチェックするだけ
これなら仕事をしながらでも株ができる！
スイングトレード
くるっ
最・高！
そして昼休み
キーンコーンッ

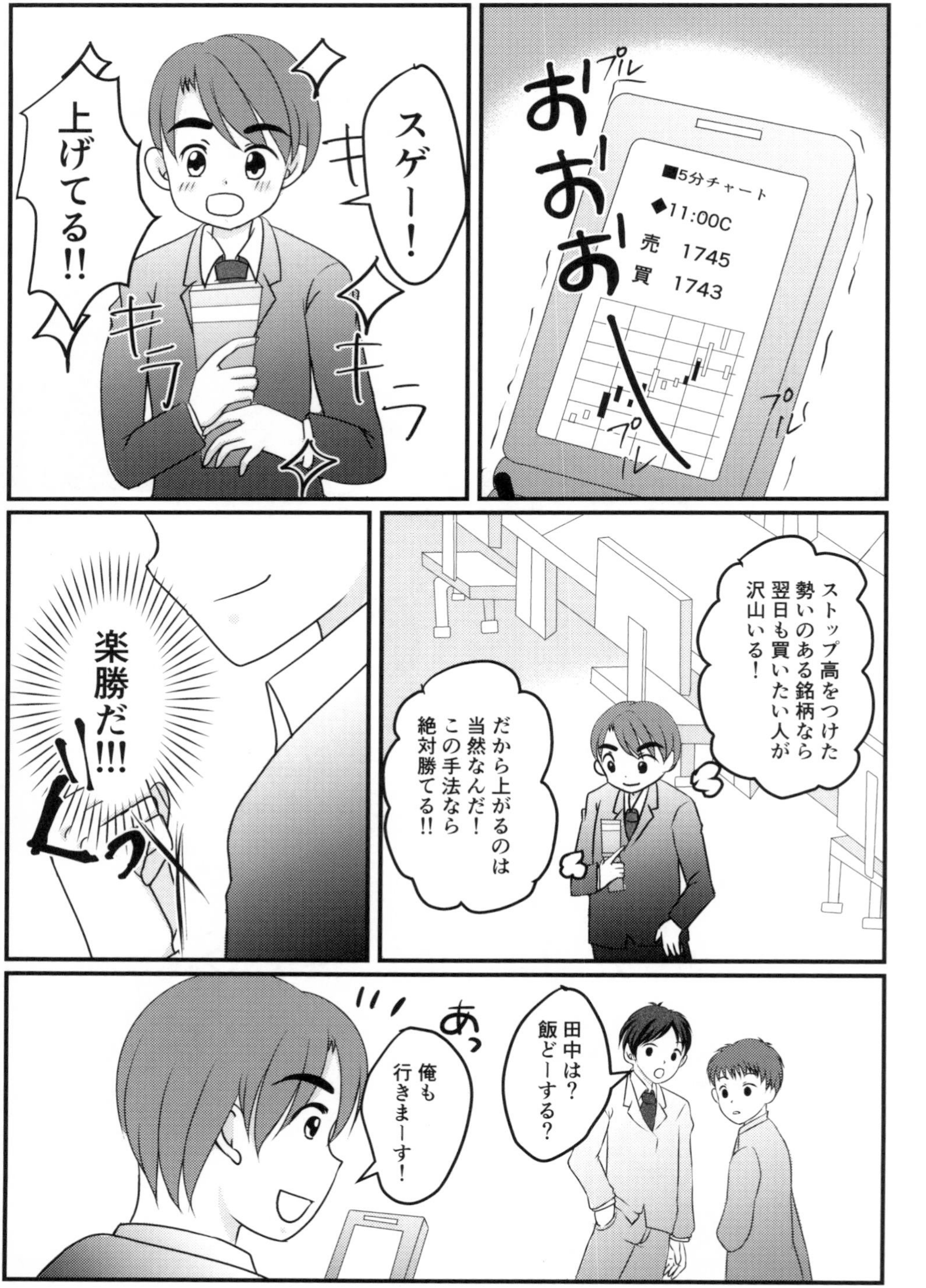
おおお
プル
■5分チャート
◆11:00C
売 1745
買 1743
プル
プル
スゲーー!
上げてる!!
キラ
キラ
キラ
ストップ高をつけた勢いのある銘柄なら翌日も買いたい人が沢山いる!
だから上がるのは当然なんだ! この手法なら絶対勝てる!!
楽勝だ!!!
ぐっ
田中は? 飯どーする?
あっ
俺も行きまーす!

さらに次の日――
ルンルン～♪
さぁて今日買ったやつはどれぐらい上げたかな？
ガッ
ガーン
え…え…
プルプル
ドクン
ドク
え？え？
ドク
ドク
な…んで…
なんで
ドクドク
◆11:00C
売1521
買1518
ドクドク
◆11:00
売1521
買1518
こんなに下げてんの⁉

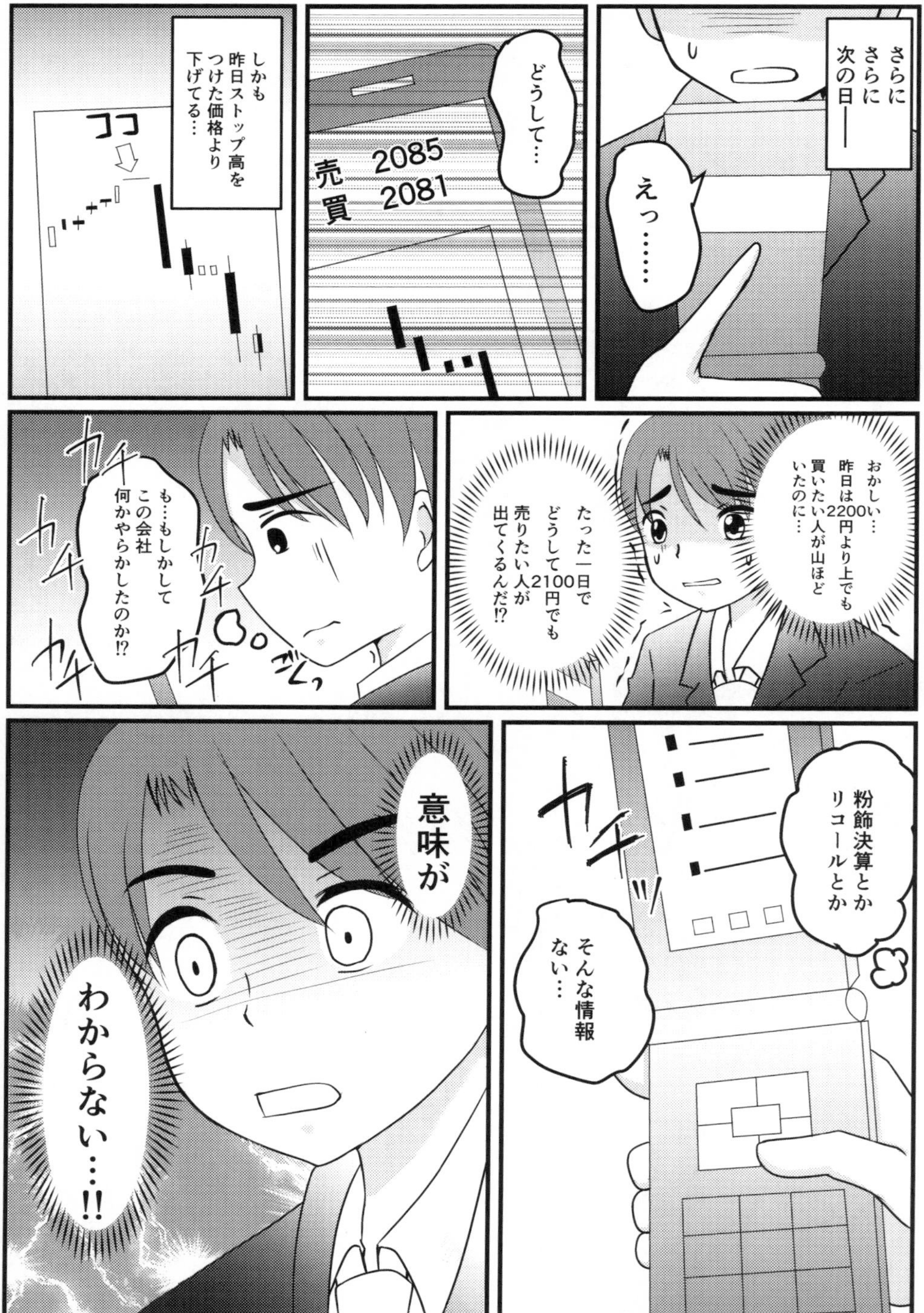

さらにさらに次の日――
えっ……
どうして…
売 2085
買 2081
しかも昨日ストップ高をつけた価格より下げてる…
ココ
おかしい…昨日は2200円より上でも買いたい人が山ほどいたのに…
たった一日でどうして2100円でも売りたい人が出てくるんだ!?
も…もしかしてこの会社何かやらかしたのか!?
カチ
カチ
カチ
カチ
カチ
ごくっ
粉飾決算とかリコールとか
そんな情報ない…
カチッ
意味がわからない…!!

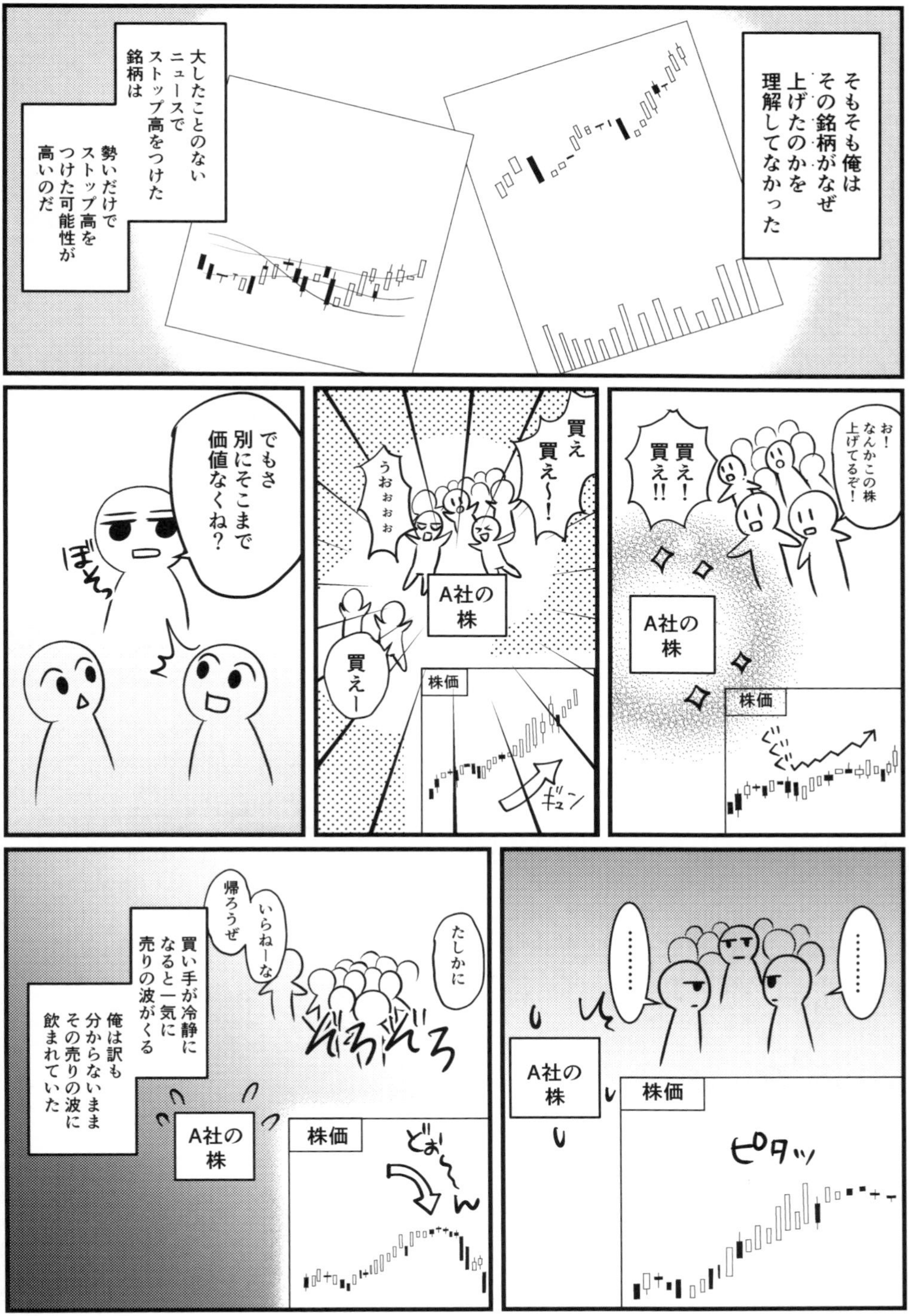
そもそも俺は
その銘柄がなぜ
上げたのかを
理解してなかった
大したことのない
ニュースで
ストップ高をつけた
銘柄は
勢いだけで
ストップ高を
つけた可能性が
高いのだ
お！
なんかこの株
上げてるぞ！
買え！
買え!!
A社の
株
株価
ぐぐぐ
買え
買え〜！
うおぉぉぉ
買えー
A社の
株
株価
ギュン
でもさ
別にそこまで
価値なくね？
ぼそっ
………
………
A社の
株
株価
ピタッ
帰ろうぜ
いらねーな
たしかに
ぞろぞろ
買い手が冷静に
なると一気に
売りの波がくる
俺は訳も
分からないまま
その売りの波に
飲まれていた
A社の
株
株価
どぉ〜〜ん

ここから俺は負の下り坂を転がり落ちていった
ゴロ
ゴロ
ゴロ
とにかく負ける
うわー
負け続ける
気付けば給料のほとんどを株につぎ込んでいた
まさに泥沼――
……ん
……くん

ジュンくん!
へ?
ここのコーヒー美味しいねって
そ…そうだね
どうしたの?ボーッとして
ジュンの彼女 アキ
何か考え事?
うん…ちょっと株のことをね…
また? 最近株のことばっかりだね
ごめんごめん!
株ってそんなに面白い?
あー…うん!
そういえば昨日ストップ高の銘柄5つあったなぁ

帰ってチャート確認しないと
そっか 私の友達も去年から株始めたらしくて…
負け続けても株は俺の心を掴んで離さなかった
6月にはボーナスが支給されたが——
ボーナス出たし旅行行こうかな〜
いいねー
……………
田中殿
それも全て株の口座に入れた——

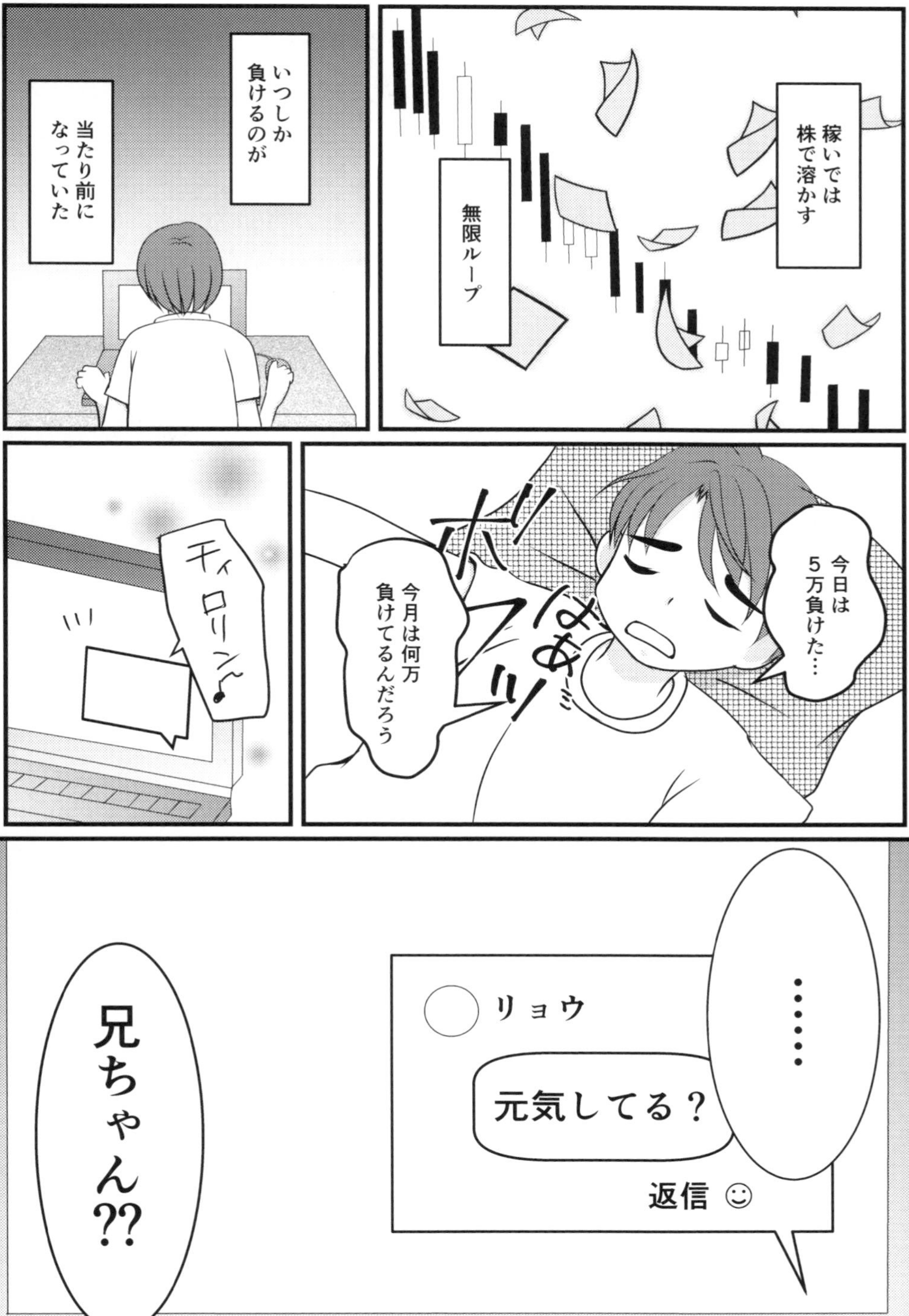
稼いでは
株で溶かす
無限ループ
いつしか
負けるのが
当たり前に
なっていた
今日は
5万負けた…
ボフッ
はぁ
今月は何万
負けてるんだろう
チィロリン～
……
リョウ
元気してる？
返信 ☺
兄ちゃん??

3章 株と結婚したほうがいいよ!

スロットに
誘ってしまった
俺が
ジュンの
ギャンブル魂を
目覚めさせたん
だろうか…
俺は相変わらず
スロットで生計を立て
就職はしなかった
俺とジュンは
小さい頃から
性格は真逆
リョウ
お小遣いの使い方
一つとっても
俺は散財型
ジュンは貯金型
ジュン
就職だって
俺は全くする気が
ないのに対し
ジュンは
真面目に
頑張っていた
もぐ
もぐ

それが今では取り憑かれたように「株」だ
ふぉおおおお
兄としては少し心配だ
はぁ…
株ってそんなに
良いもんなのかねぇ
数日後――
ピョコ♪
兄ちゃん暇なら株やればいいのにデイトレってやり方があるんだよ
カタカタ
ピョコ♪
怖いからいいよ…ジュンだってそんなに負けてるんでしょ？
はぁ…
でもパソコンの前に張りついてデイトレさえ出来れば勝てると思うよ！
デイトレさえ出来れば勝てると思うよ！
……

まぁ…俺もこれまで負けると言われるスロット界で生き残ってきたわけだ
もやもや
う〜ん
株でも勝てるかなぁ…?
よし!
ポン
俺も株やってみるか!!
ぐっ
「とにかく働かずに生きていきたい」
そんなニート根性から
弟に誘われるまま俺は軽い気持ちで株の世界に踏み込んでしまった

2006年8月
初めての株取引ー
えーっと買う時は…
この項目を開いて…
オロオロ
えいや!!
買いだ!!
カチッ
あああ!!
上がった!
売る!
売ります!
現在値
6321
あわ
あわ
あわ
う…売れた?
大丈夫?
合ってる…よね?
実現損益
+20,00
銘柄名
実現損益
ラントグループ
+20,000
あ
売れてる…

一分しか経ってないのに
2万円!?
こんな簡単に短時間で2万も稼げるなんて
スロットでも有り得ない!!
なーんだ株ってサイコーじゃん!!
ウヒヒー
俺ってスゲー
ジュンには感謝だな～♪
デビュー初日ですっかり有頂天になった俺は
株を「簡単に儲けられるもの」と思い込んでた

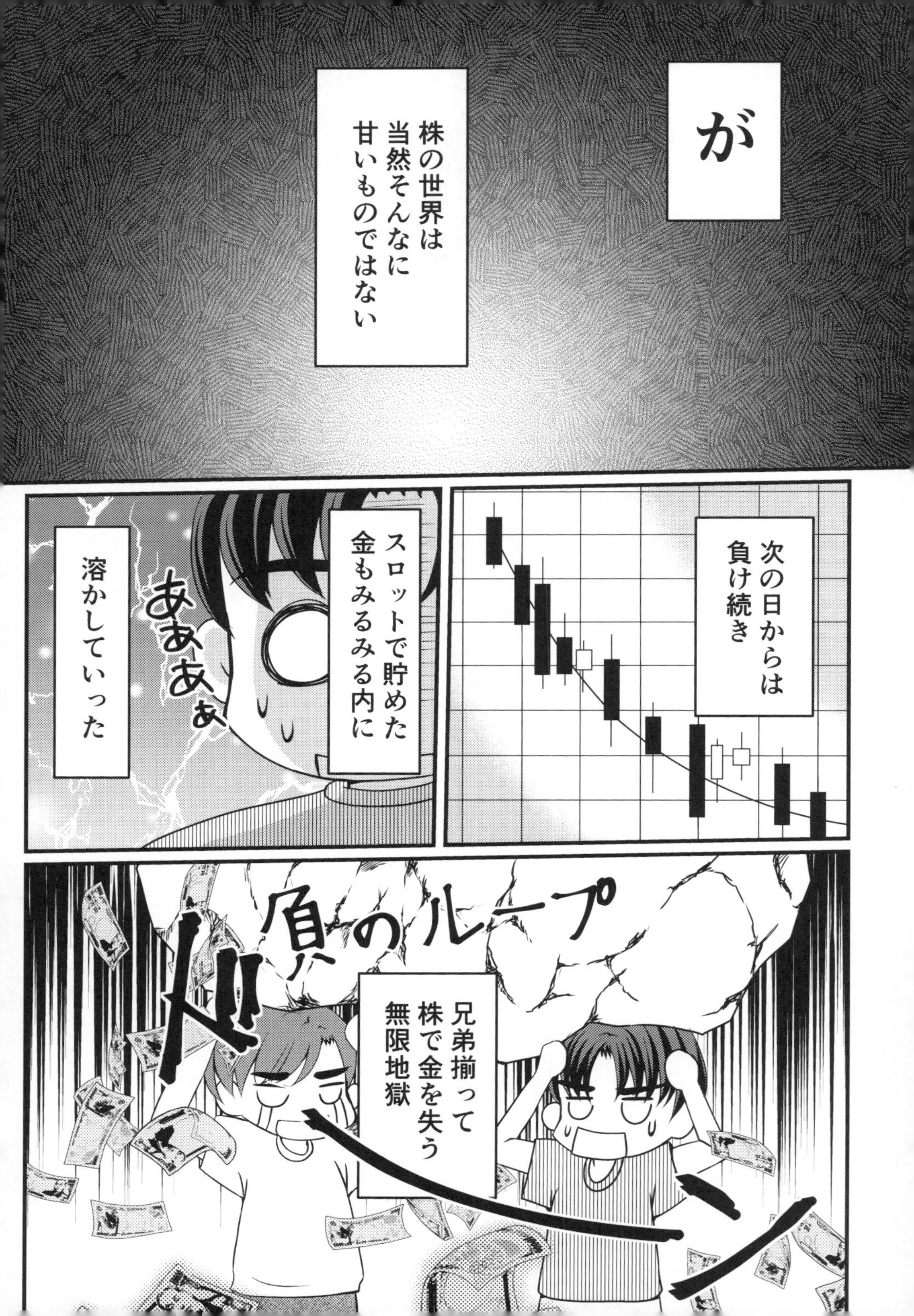
が
株の世界は
当然そんなに
甘いものではない
次の日からは
負け続き
スロットで貯めた
金もみるみる内に
あぁあぁ
溶かしていった
負のループ
兄弟揃って
株で金を失う
無限地獄

株を始めて一年経つ
2007年の8月には
600万近くあった
貯金が
36万まで減っていた
リョウ！
たこやき
食べようよ！
たこ焼
リョウの彼女
アイ
あ…
うん…
えーっと
…………
スカッ…

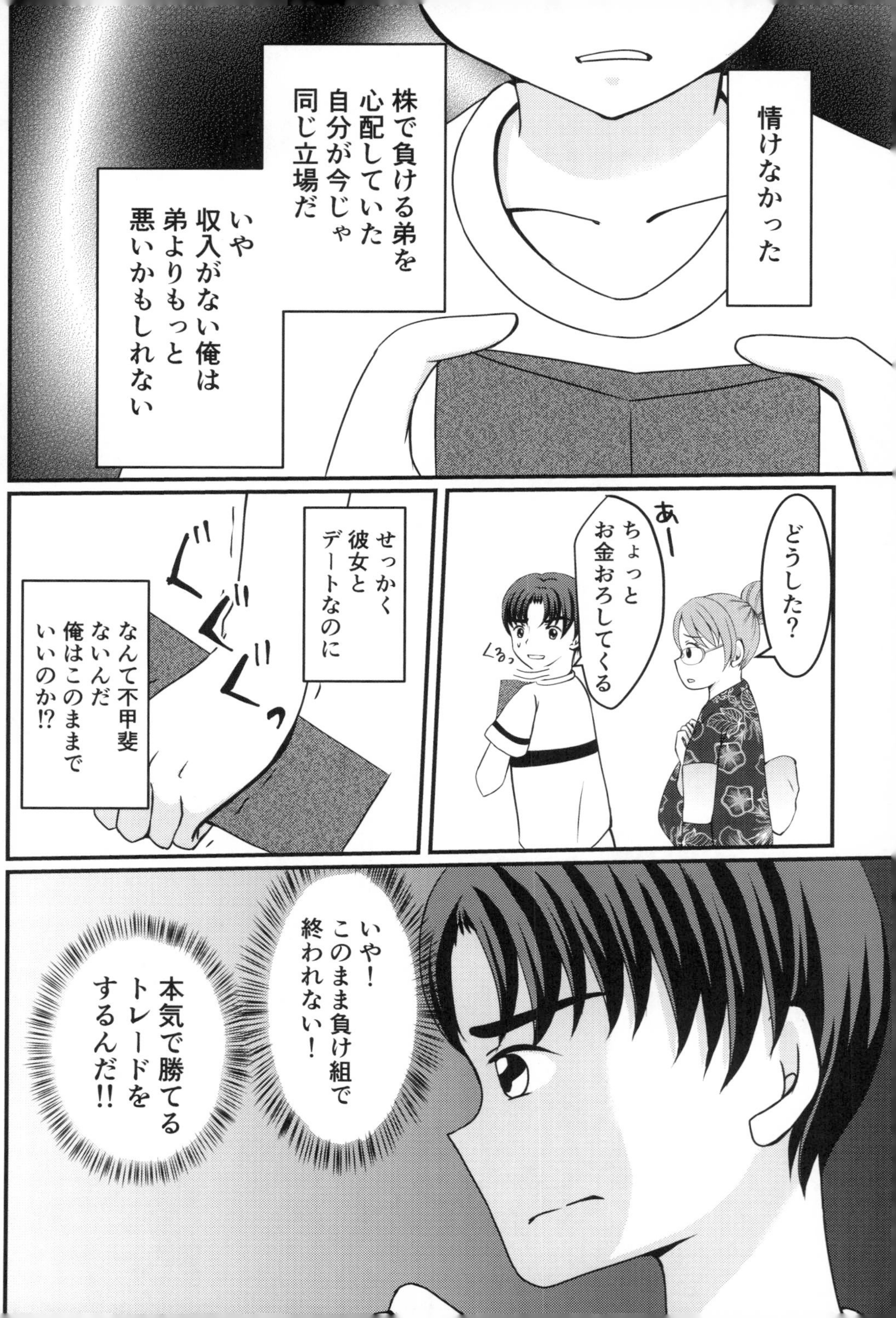
情けなかった
株で負ける弟を心配していた自分が今じゃ同じ立場だ
いや 収入がない俺は弟よりもっと悪いかもしれない
どうした?
あー
ちょっとお金おろしてくる
くるっ
せっかく彼女とデートなのに
なんて不甲斐ないんだ 俺はこのままでいいのか!?
ぐぐぐっ
いや! このまま負け組で終われない!
本気で勝てるトレードをするんだ!!

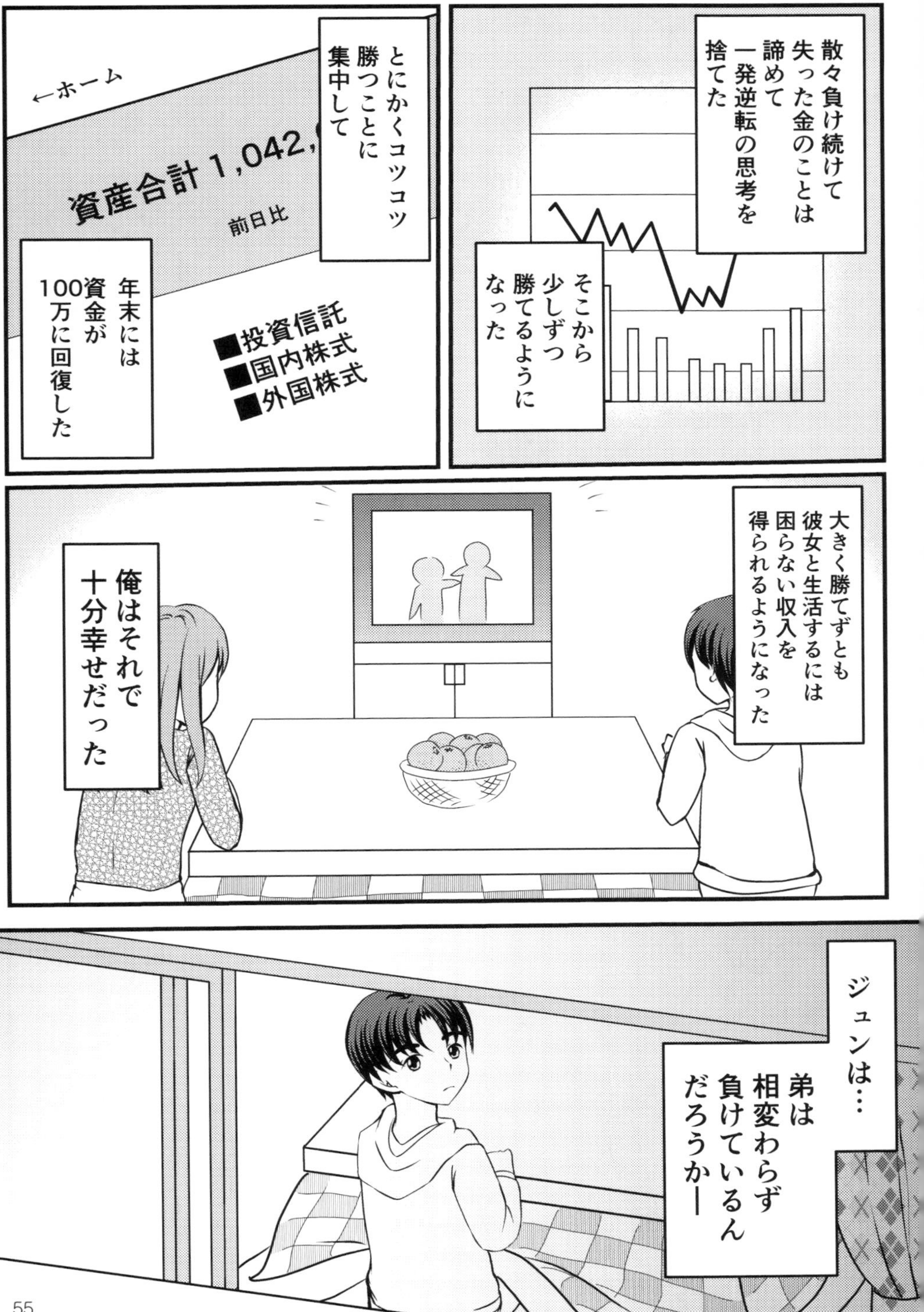
散々負け続けて失った金のことは諦めて一発逆転の思考を捨てた
そこから少しずつ勝てるようになった
とにかくコツコツ勝つことに集中して
←ホーム
資産合計 1,042,
前日比
■投資信託
■国内株式
■外国株式
年末には資金が100万に回復した
大きく勝てずとも彼女と生活するには困らない収入を得られるようになった
俺はそれで十分幸せだった
ジュンは…
弟は相変わらず負けているんだろうかー

雪…すごいね
カチ
うん…
カチ
「ロドニHD」が上方修正でストップ高
今日のS高
ロドニHD
(2310)
今期の業績予想を25%上方修正。13期ぶり最高益更新へ。
あとは「メタロン製薬」が新薬の開発でストップ高かぁ…
明日買おうかな

カチ
ねぇ
ジュンくん…
カチ
カチ
私たち
そろそろ…
結婚…
しない…?
ドキ
ドキ
ドキ
ドキ
え…?
ぱっ

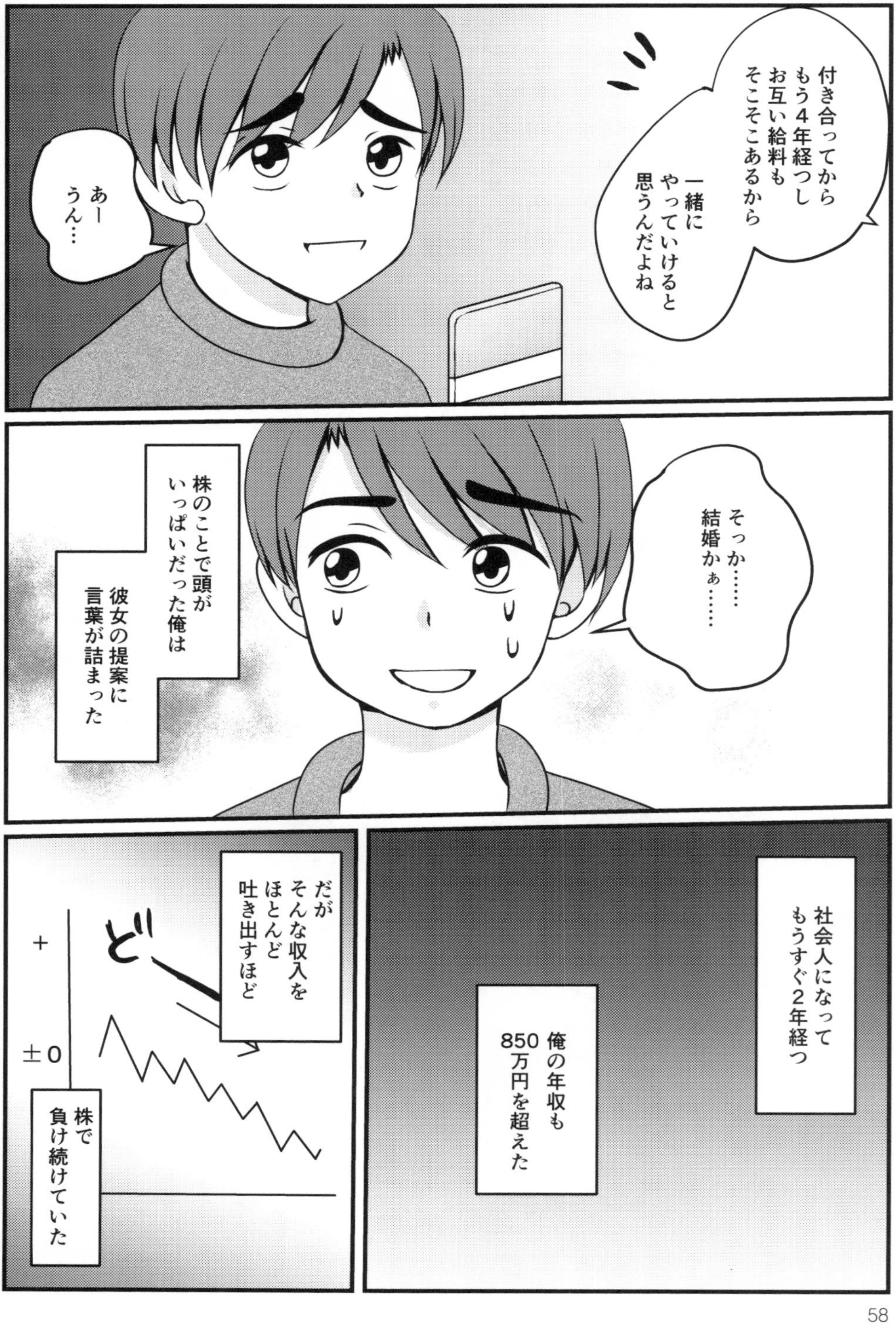
付き合ってから
もう4年経つし
お互い給料も
そこそこあるから
一緒に
やっていけると
思うんだよね
あー
うん…
そっか……
結婚かぁ……
株のことで頭が
いっぱいだった俺は
彼女の提案に
言葉が詰まった
社会人になって
もうすぐ2年経つ
俺の年収も
850万円を超えた
だが
そんな収入を
ほとんど
吐き出すほど
ど
+
±0
株で
負け続けていた

一緒になって負けていた兄ちゃんは
どうやら最近勝ってるらしいが
コツコツだけどねー
やはり専業でデイトレができているからだろうか……
専業トレーダーにさえなれれば俺だって……
ぐぐぐぐっ
……アキ
うん！
ごめん
俺は近い内に会社を辞めて専業トレーダーに挑戦したいんだ
結婚した後にそれはできないからしばらくは結婚はできないよ

……
え………
あ…
そう…なんだ…
それじゃあ
もう少し
先…だね…
うん
俺の株に対する
想いは
それくらい
強いものだった
2008年3月
転勤…

群馬の営業所…ですか
田中も3年目だからな
そろそろそういう時期だ
「いつか会社を辞めて専業トレーダーに」と思っていた俺の気持ちを
この転勤がより強いものにした
とにかく転勤先の上司が最悪だった
おい！田中ァ！
こっち来い!!
ビクッ
今でいう「パワハラ上司」だったのだ
あっ！はいぃぃぃ!!!
ガクブル
俺はなんでこの仕事をしてんだろ…
はあ…
早く専業トレーダーになれたら……
株への想いが増々高まる中迎えた夏季休暇――
ねぇジュンくん！今度の旅行なんだけどさ～
旅行・観光

旅館の近くに海水浴場があるから行ってみない?
あー……旅行…か…
旅行・観光
10時くらいに出発すればお昼に着くし
ちょっと泳いでさ…
10時!?
旅行・観光
10時じゃまだ相場が開いてるんだよ!!
相場が引ける15時以降にしてよ!!!
え…でも…
そんな遅くに出たら…海が……
今はさトレードができる貴重なチャンスなんだ
そっか…そうだね…
じゃ…じゃあ海は次の日にしよ…

彼女との一泊二日の旅行中も
俺の頭の中に常にあったのは「株」だった
明日は海行って帰りに有名な海鮮丼屋さんに寄ってさ…
うん…そうだね…
もぐ
もぐ
日経先物上がってるんだよなー明日の相場動きそうだな…
おやすみ～
おやすみ
………
やっぱりトレードしたいな…

翌朝—
ガタ
ジュンくん何してるの？
ゴシゴシ
ガサゴソ
荷造り
まだ６時だよ？
ふぁぁぁ
ごめん！やっぱ俺
９時からトレードしたいから帰りたい!!
………え!?
朝ご飯は!?
食べてたら相場に間に合わない
海は!?
また来年にしよう
……

数日後―
別れよう
え! ちょっと待ってよ!
なななんで!?
ジュンくん群馬に行っちゃって最近全然会えなくなったしさ
私も仕事忙しくなってきたし…
……それに
ジュンくん私より
株の方が好きだよね

私とじゃなくて
株と結婚した方が
ジュンくんは
きっと幸せに
なれるよ
それじゃあ
今までありがとう
——さよなら
プツッ
ツー
ツー
あんぐり…
フラれた
ガン
しかし
当然っちゃ
当然だ
ここまで散々
尽くしてくれた
彼女そっちのけで
株のことばかり
考えていたのだから
俺は
金だけじゃなく
大切な人まで
株で失って
しまったのか——

大馬鹿だ!!!
でも…泣いている暇はない！
ごしごし
ごしごし
彼女までも失った今
ズッ
本当に俺はもう株しかない
やっぱり専業トレーダーになるしかないな!!
ぐっ
株で人生を狂わされた男はどこまでも株に翻弄され続けるのであった

4章 専業になれば勝てる!

2008年の夏の終わり
100年に一度の経済危機と呼ばれた「リーマンショック」は
俺の失恋と共にやってきた
日刊○○
株
日経3年3か月ぶり
安値
株下げ
の新聞
経済危機か!?
月見うどん一丁~!
すごい…また下げてる
今日の日経平均株価の終値は――
パ
前日から大幅に下げ▲《マイナス》1080円2銭の8458円45銭でした
朝から売りが先行し過去二番目の下げ幅となりました
から
トン

なんか凄いな
俺は株とか
よく分からない
けど
とんでもないことが
起きてるってことは
分かるよ
こんだけ下げたら
株で破産する奴
とか
いるんだろうね
ふぅ
ふぅ
田中
お前も
気をつけろよ
………
この時株価は
毎日のように
下げまくった
未曾有の暴落に
大きく資産を
失った者も
少なくないだろう
が
俺は逆に
未曾有の勝利を
掴んでいた

トレーダーには大きく分けて「順張り」と「逆張り」がある
順張り
売
買
逆張り
売
買
簡単に言うと「買い」なら上げてる時に買って更に上で売るのが順張り
下げてる時に買って反発したところで売るのが逆張りだ
兄ちゃんは最近は逆張りで成功しているらしいが
俺は「超」がつくほどの順張り脳だった
上げている株はひたすら買い下げている株はひたすら売る
もっと上がる!!
もっと下がる!
上げ下げの方向性が続く限りは勝てるのだ
———ん?「方向性が続く限り」?

そう！リーマンショックにより下げ続ける相場で
銘柄 数量 取引 実現損益
○○ 200 売建 +12,000
○○ 100 売建 +7,800
○○ 500 売建 +2,500
○○ 1200 売建 +15,590
○○ 100 売建 +3,500
○○ 200 売建 +1,600
○○ 200 売建 +2,800
俺はひたすら順張りして空売り※をし続けた
※空売り…上値で売りを注文し、下値で買い戻すことで利益を得る取引法
今日だけで＋32万円！
← ホーム
資産合計 4,021
投資信託
国内株式
先月は200万も無かったのに
もう400万も超えてる!!
これだよ！
まさに俺の求めてたデイトレーダー像!!
わくわく
これなら専業でも食っていける！

翌日
ええ!?
田中？どうした？
ガタ
ガタ
あ……あ……
前日比▲《マイナス》100万円!?
プル
プル
売建
表示
1件中/1件
◆特定口座
4313/バリッシュ
損益　-1,021,800
(11:00)
プル
プル
う…う…嘘だ……っ
大事な商談だぞ？大丈夫か？
はぁ…
あっ…はい…大丈夫です….
やっぱ一日中見れないから
こういう負けが防げないんだよなぁ
はぁ…
パタン

さらに翌日
-40万
ゴゴン
さらにさらに翌日
-15万
-40万
ゴゴゴ
勝てない!!!
あああああ
朝に空売りした株が2時間目を離した内にS高……!?
……いや……でも待てよ
■5分足チャート
◆11:00 H
売
買 4125

一回下げたところがある
売買
4125
ココ
ここで買い戻せていたら利益になっていた
こうやって仕事せずに一日中チャートを見ていられたら
勝てたはず…!
だって一か月で資金を2倍以上に増やせたんだ!
トレーダーとしての技術は着実に身についてるはず…
専業にさえなれたら………!!!
キッ

数日後――
専業トレーダーなら勝てるかって？
まぁ確かに
相場をずっと見られるのは強みだけど……
だよね！
やっぱ兄ちゃんもそれで勝ってるわけだし
でもなー……
専業は大変だぞ
チラッ
もぐもぐ
もぐもぐ

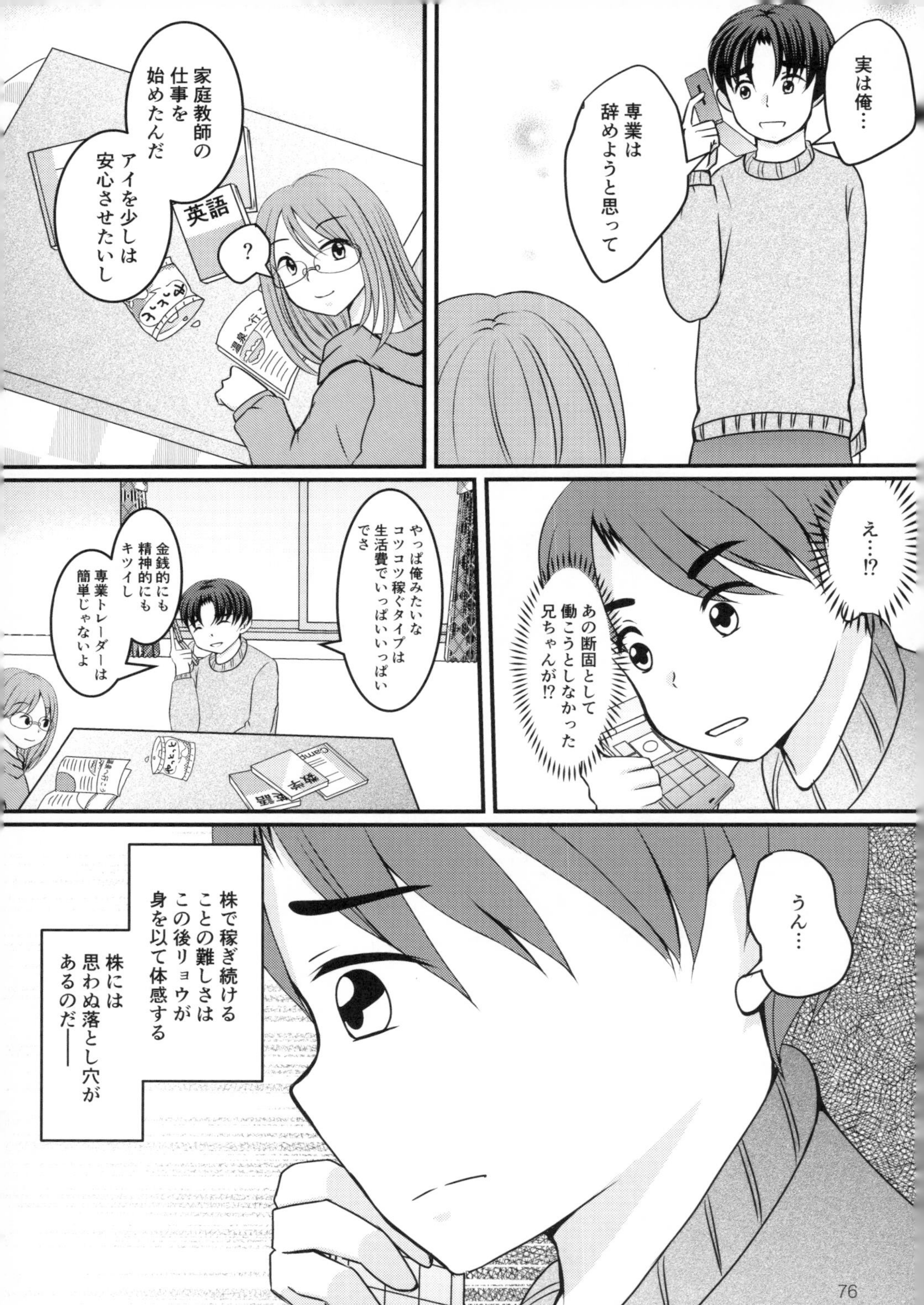
実は俺…
専業は辞めようと思って
家庭教師の仕事を始めたんだ
?
アイを少しは安心させたいし
英語
え…!?
あの断固として働こうとしなかった兄ちゃんが!?
やっぱ俺みたいなコツコツ稼ぐタイプは生活費でいっぱいいっぱいでさ
金銭的にも精神的にもキツイし
専業トレーダーは簡単じゃないよ
うん…
株で稼ぎ続けることの難しさはこの後リョウが身を以て体感する
株には思わぬ落とし穴があるのだ——

2009年1月
カチ
カチ
今日もそれなりに勝てたけど
もうちょっと何かやるかー
ふう
この株…空売りしてみようかな…
カチ
カチ
13:00
13:59
2009 01/30
一分後
ブブッ
りんりんっ!!?
ぐぐぐ

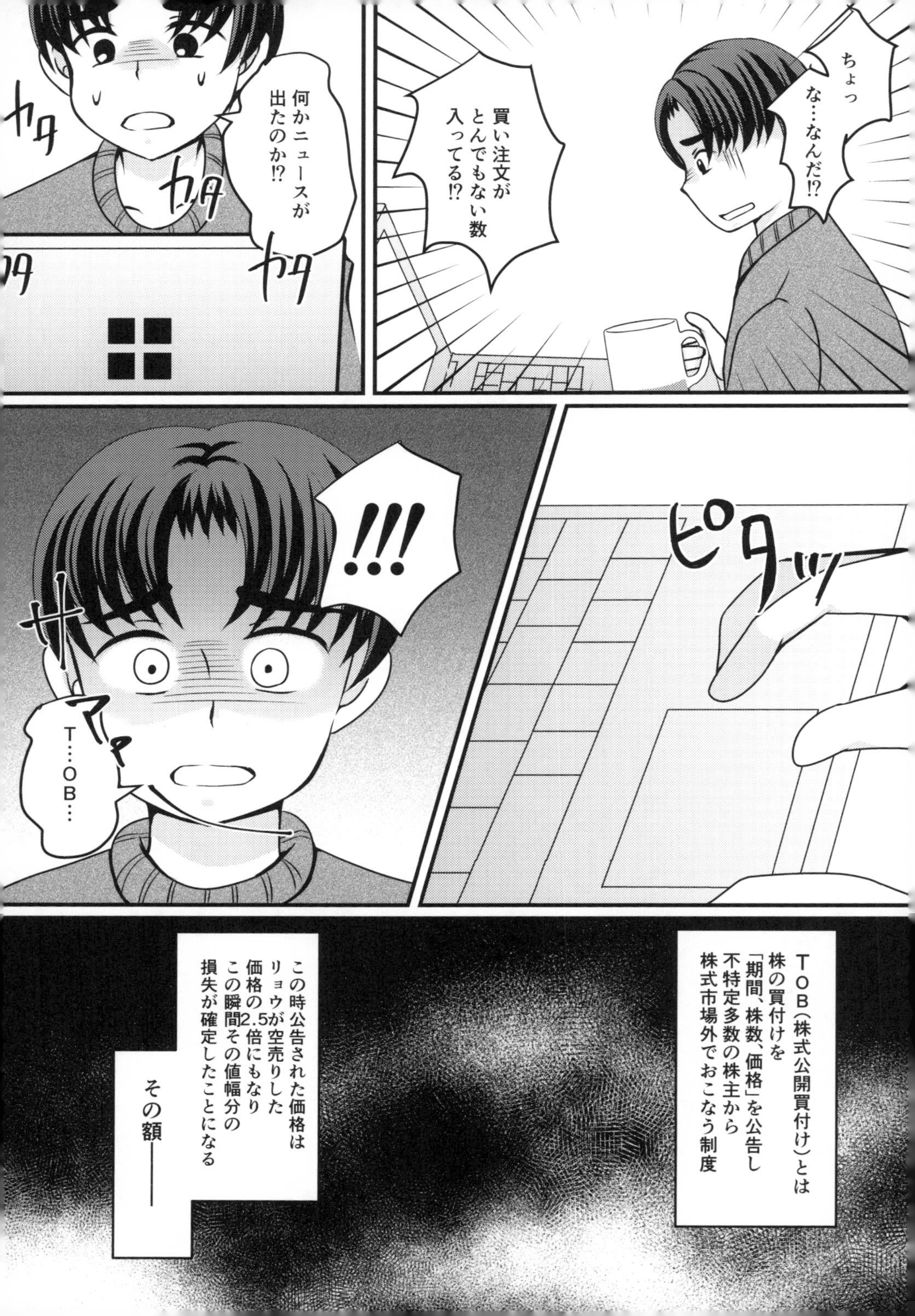
ちょっ
な…なんだ!?
買い注文がとんでもない数入ってる!?
何かニュースが出たのか!?
カタ
カタ
カタ
カタ
ピタッ
!!!
サァァ
T…OB…
TOB(株式公開買付け)とは株の買付けを「期間、株数、価格」を公告し不特定多数の株主から株式市場外でおこなう制度
この時公告された価格はリョウが空売りした価格の2.5倍にもなりこの瞬間その値幅分の損失が確定したことになる
その額——

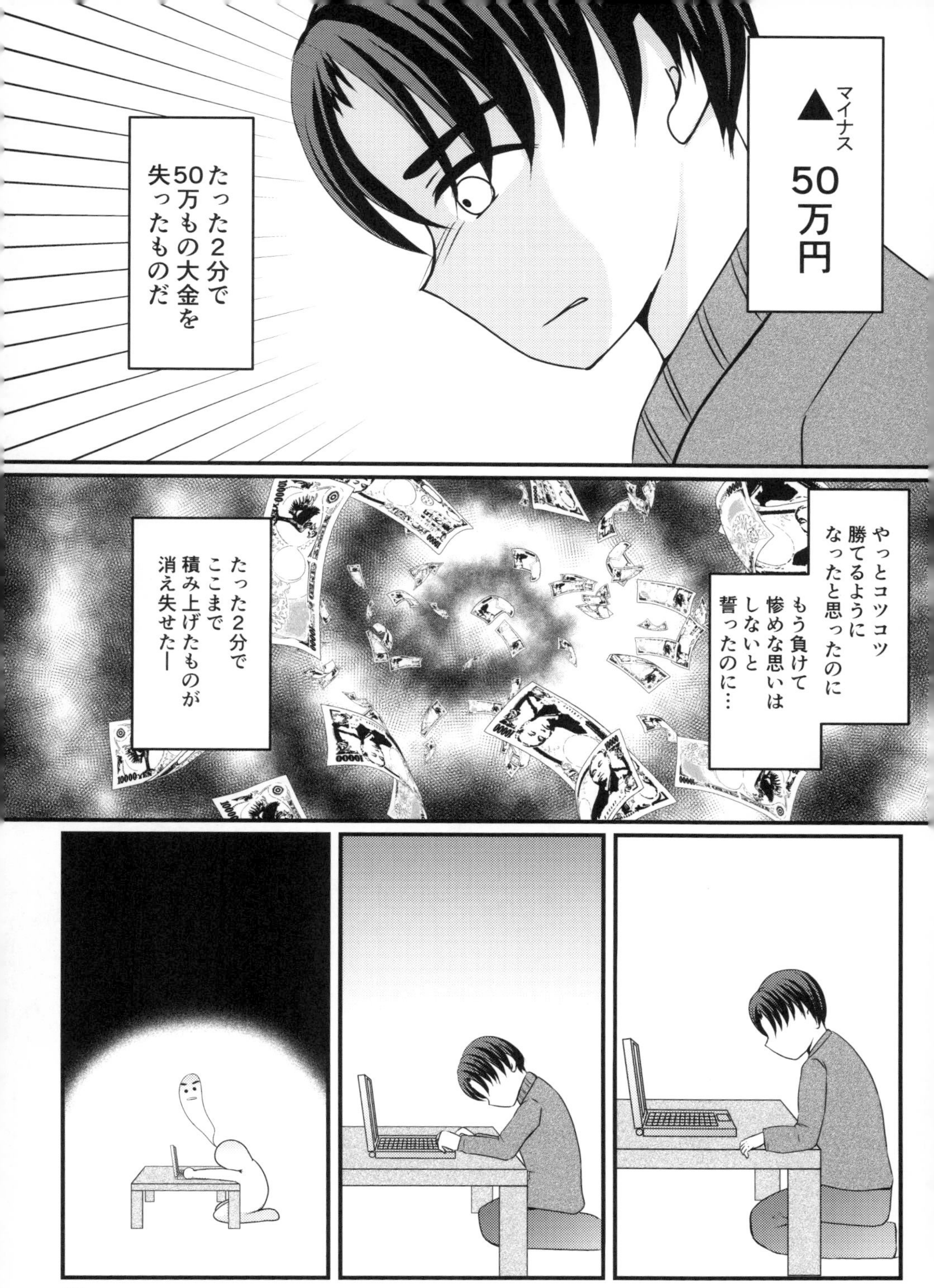
▲《マイナス》50万円
たった2分で50万もの大金を失ったものだ
やっとコツコツ勝てるようになったと思ったのに
もう負けて惨めな思いはしないと誓ったのに…
たった2分でここまで積み上げたものが消え失せた—

Family Restaurant
…リョウ 元気出してよ
今日は 私のおごり だから…さ!
う…ん……
俺のお気に入り
カレーうどん…
評価損益
-80,500
-132,000
プル
プル
-501,000

リョウ……
私だって働いてるから
大丈夫だよ
う…ん…
また頑張っていこうよ
ね？
……うん……

退職願
トレードの世界も一寸先は闇
専業でやっていくということはそういうリスクも全て背負っていくということだ
しかしこの男だけはそんなリスクおかまいなしに
株への夢を追い続けるのだった――
所長大変申し訳ございません
退職願
本当に辞めてしまうの？
……はい
そっか…残念だな
経済も落ち着いてきてこれからという時に

2009年6月23日
俺は会社を辞めて専業トレーダーになった
群馬から再び東京へ引っ越し
ビューン
毎日朝からチャートとにらめっこ
2009 6/25 09:03
ここまで来るのに気付けば600万も負けた
負けながら積んだ経験がムダじゃなかったと証明するんだ
兄ちゃんの言うように簡単じゃないかもしれない
でも「専業なら勝てる」んだ!!

結局リーマンショックの空売りで手に入れた利益は会社を辞めるまでのトレードで飛ばしてしまい
想定していたより少ない300万円で専業スタートとなった
2週間後
っよし！
爆上げ！買って大正解！
はぁ〜
これで今週も大勝ちだ〜
これで収支が……
ーム
2009 年 6 月 23 ～ 2009
実現損益 +1,506,291
ード 実現損益
+150万！
たった2週間で！

やっぱり専業なら勝てる!!
俺の考えは
ぐっ
間違ってなかった!!
せっかく大学に行かせてくれてそのお陰で高給の仕事にも就けたのに
給料は株で溶かすし最後には仕事すら辞めるし
母
父
親には沢山心配かけたと思う
でも…それでも俺の人生は間違ってなかったんだ!
ここまで…長かった…!
ぐすっ

これからは親に株で恩返ししよう
ドッ
この調子でいければ何でも買ってあげられる
俺のトレーダー人生はこれから始まるんだ!!
カラ
カラ
カラ
俺は自信と希望に満ち溢れていた
専業になったことで負け続きのトンネルはもう抜けたんだと——
——そう思っていた

5章 失意の退場。ちょっとだけのつもりが…

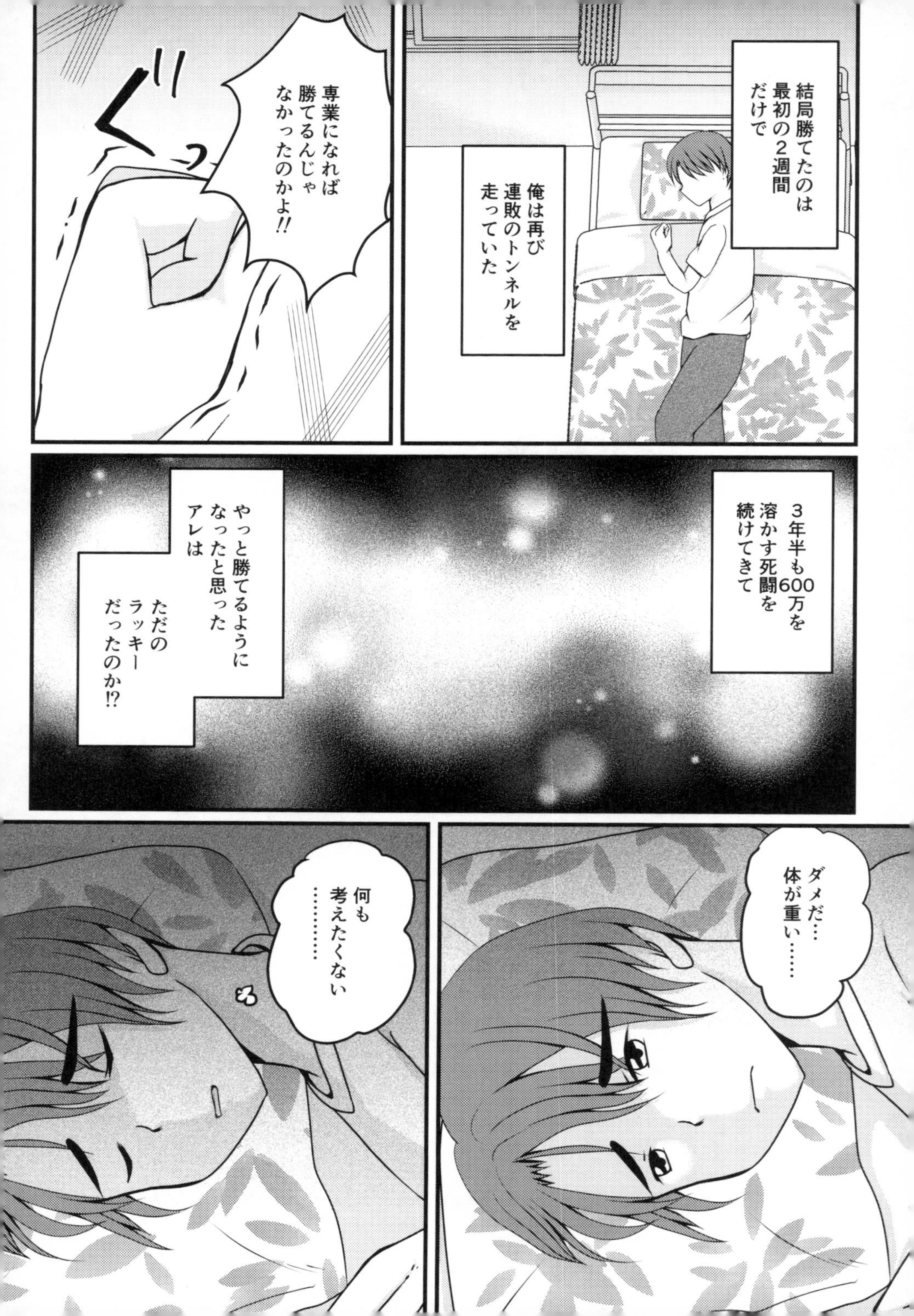

結局勝てたのは最初の2週間だけで
俺は再び連敗のトンネルを走っていた
ぐっ
専業になれば勝てるんじゃなかったのかよ!!
3年半も600万を溶かす死闘を続けてきて
やっと勝てるようになったと思ったアレは
ただのラッキーだったのか!?
ダメだ…体が重い……
何も考えたくない…………

パチッ
もう9時かぁ…
2009
7/10
21:11
ワッ
ズル
ズル
ズルズル
あはは
なんでやねん!!!
ブー
ブー
?
……はい…もしもし…?

あ
ジュン?
最近どう?
大丈夫か?
……あんまり大丈夫じゃないかな…
なにて・
また負けてんの?
まぁ…今月はまだ80万しか負けてないけどね
いやいや
専業でそれはヤバいって!
ジュンはさ順張りにこだわりすぎなんだよ
しかも資金をあるだけ突っ込むしさ
そのやり方じゃ上手くいかないと思うぞ
うん………
そう…かも…ね………

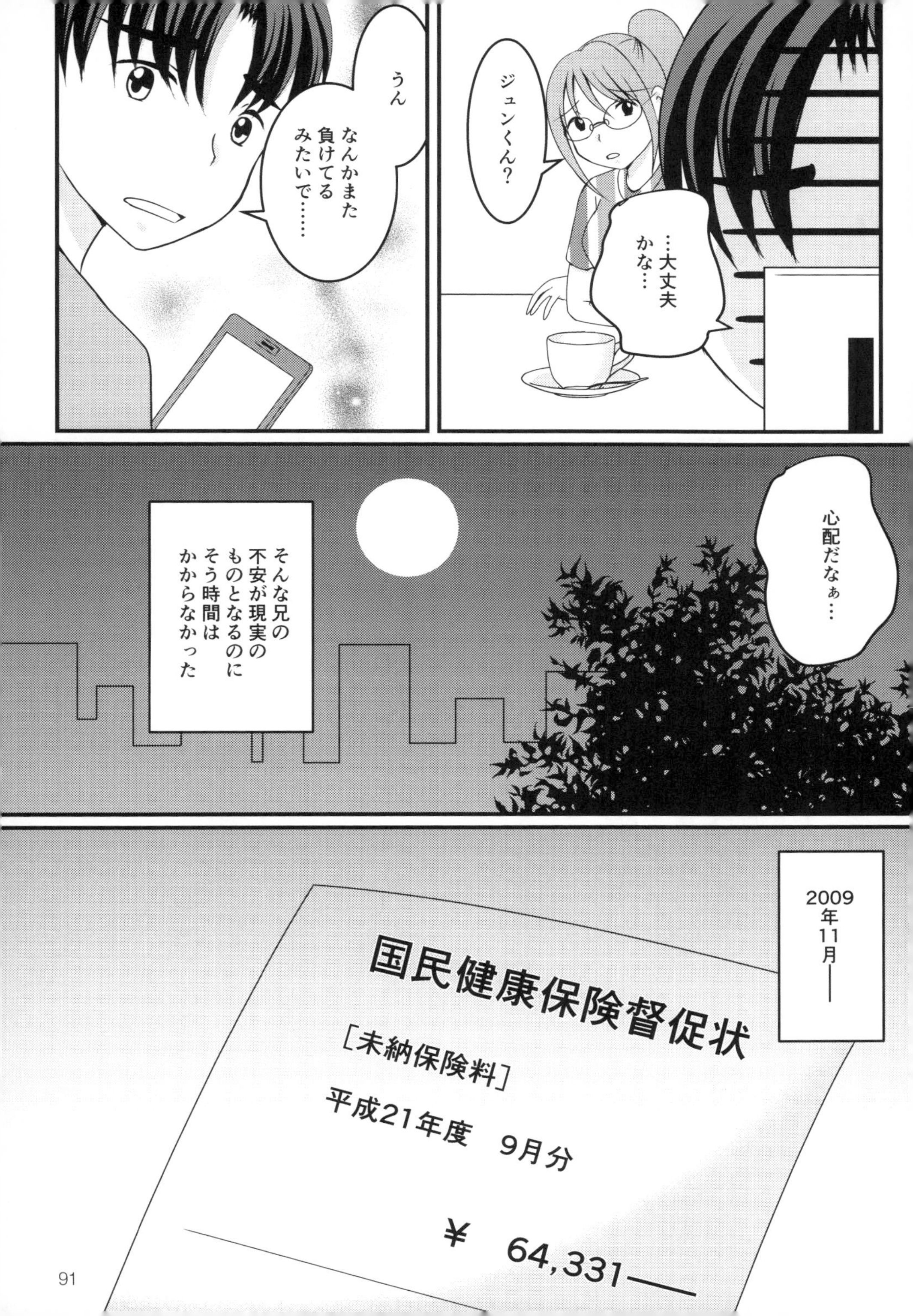
ジュンくん？
…大丈夫かな…
うん
なんかまた負けてるみたいで……
心配だなぁ…
そんな兄の不安が現実のものとなるのにそう時間はかからなかった
2009年11月——
国民健康保険督促状
［未納保険料］
平成21年度　9月分
¥　64,331——

会社員時代の年収1050万円の反動は
税金として返ってきた
健康保険高すぎるよ……
保険督促状
年　9月分
¥　64,331
もう資金は100万そこそこしかない
これにあと住民税もあるし…払ってたらトレード資金がなくなる…！
無理だ!!!
もう後がない……!!!

ここで勝たなきゃ!!
プル
プル
プル
勝たなきゃ!!
俺はもう!!!
2009
11/27
15:21
資産合計
503,321
前日比
-201,735
投資信託
国内株式
お客様情報変更 >
手数料コース >
配当金受取変更 >
保有銘柄確認 >

ドサッ
——終わった
そして2009年12月16日
俺は株式相場からの退場を決意した

専業をやめる!?
株自体やめるの?
うん…株やめて再就職するよ
税金払えなくて母さんに払ってもらったんだ
でも50万あればまだトレードはできるだろ?
もう…いいんだ…
…母さんに…返さないとだし………
そこまで追いつめられてしまったのか…
あんなに株に燃えてたジュンが……

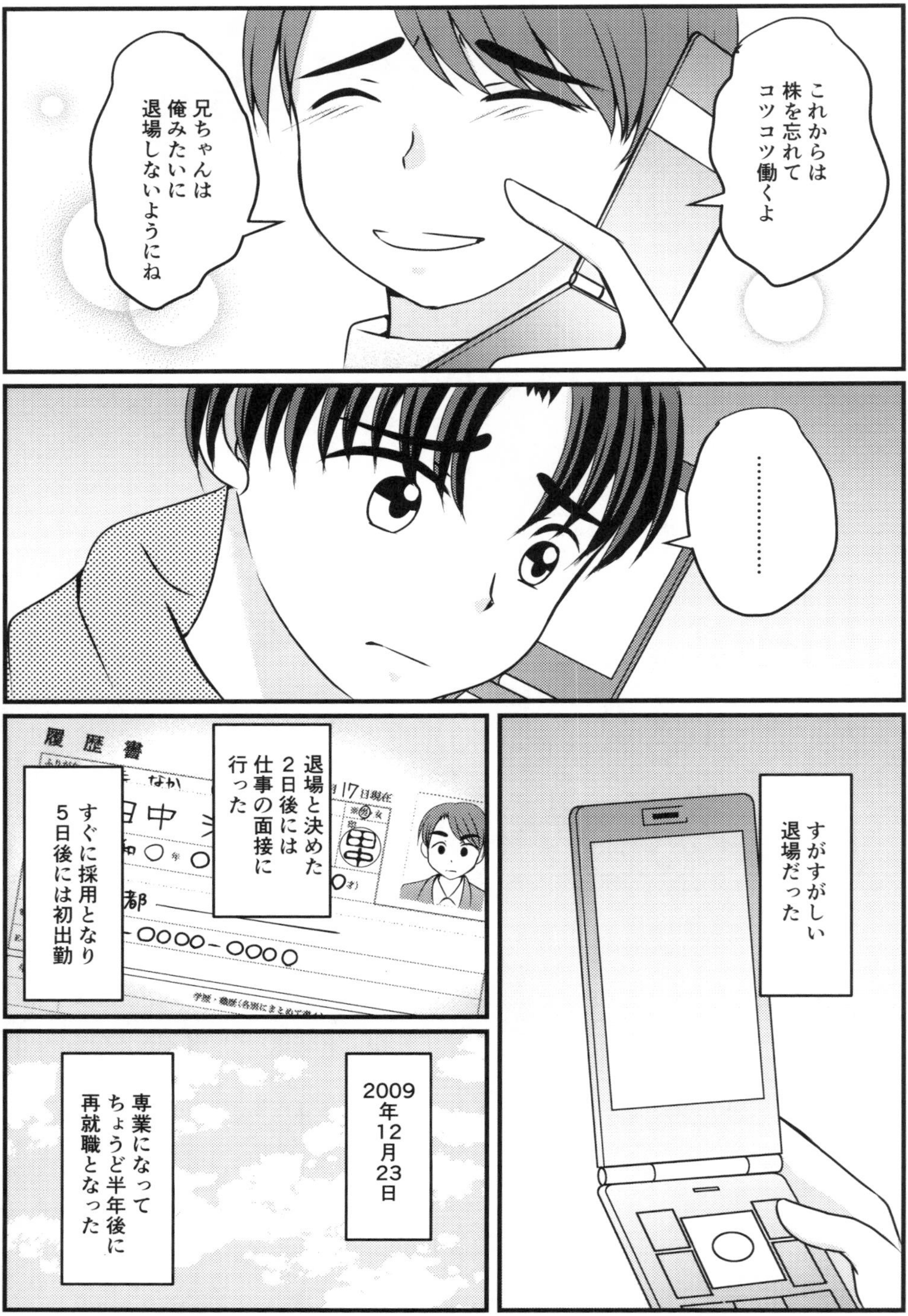
これからは株を忘れてコツコツ働くよ
兄ちゃんは俺みたいに退場しないようにね
……………
すがすがしい退場だった
退場と決めた2日後には仕事の面接に行った
すぐに採用となり5日後には初出勤
履歴書
2009年12月23日
専業になってちょうど半年後に再就職となった

順位
職員名
件数
1位
田中　ジュン
2位
宮下
4位
5位
6位
パチ
パチ
パチ
パチ
パチ
パチ
――そして一位は50件で田中くん！
おめでとう
今月も頑張って！
はいっ!!
田中
再就職してから3か月経った頃には営業成績で一位を獲るなど順風満帆
1位はすごいわー
ありがとうございます
歩合制だったこともあり親への借金もすぐに返せた
今月はキャンペーンも多いから
みんなノルマ達成に向けて頑張って
以上朝礼終わり
不摂生だったトレーダー生活に比べて生活習慣も改善した

よし！今日も頑張るぞ!!
ちょっと飛び込み行ってきます！
おー気を付けてなー
毎日が
充実していた
ガサ
ガサ
スタ
スタ
株やってた時より
体が軽い！
サァァ
ァァァ

トップクラスの成績を出せば月収100万を超えた
年月日
お支払い
22-1-25
22-1-30
22-2-1
もう借金はないし給料丸々好きなことに使えるな
何に使おうかな～
どうしよー
ん
……
はっ

つ……
ガーン
使い道がない……ッ!!!
前の会社の時も思ったけど
金のかかる趣味が何もないんだよなー
んー……
これまで金を使ってきたものといえば……

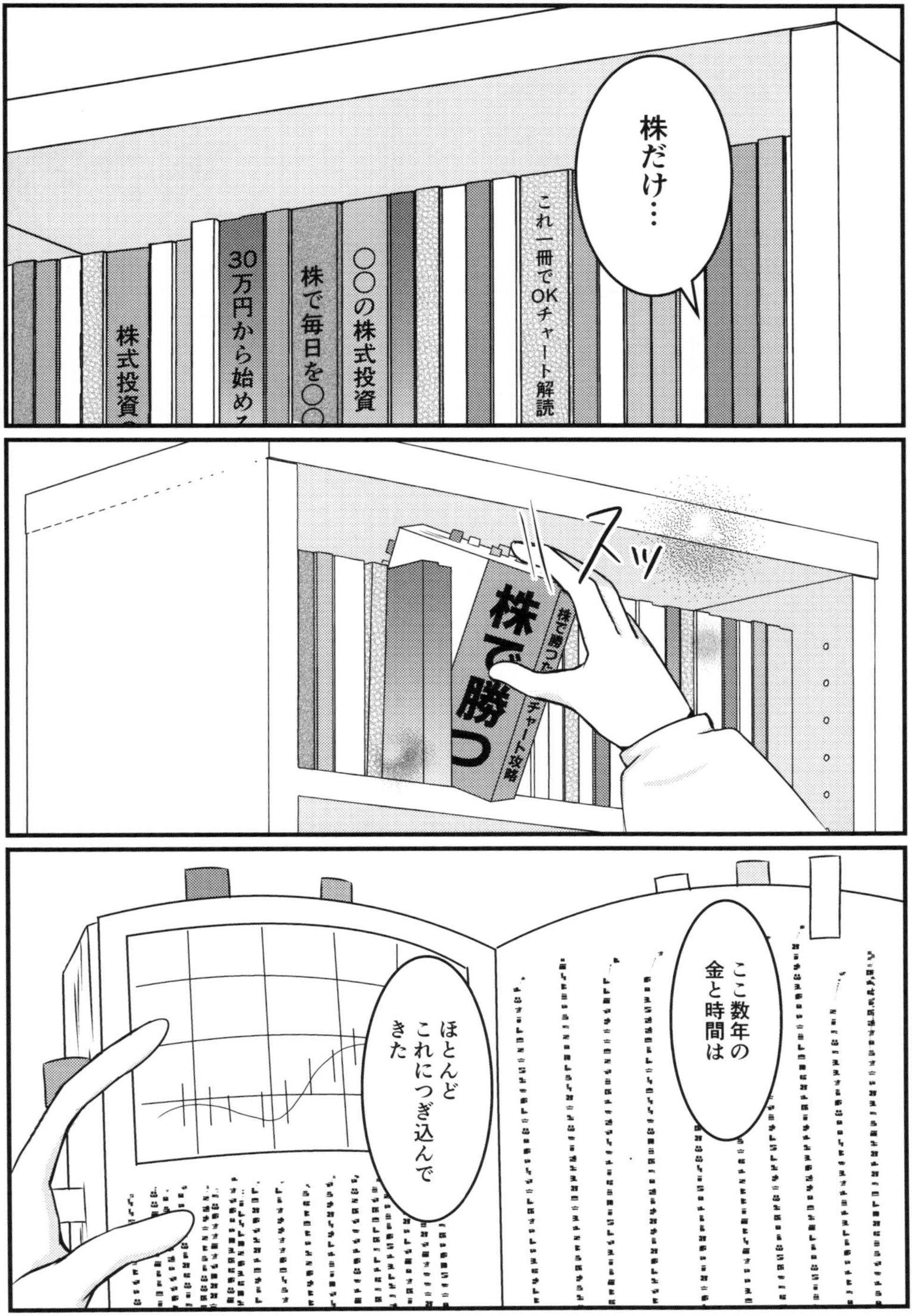
株だけ…
これ一冊でOKチャート解読
○○の株式投資
株で毎日を○○
30万円から始め
株式投資
スッ
株で勝つ
チャート攻略
ここ数年の金と時間は
ほとんどこれにつぎ込んできた

……
俺は株で大金持ちになる!!
ごめん！やっぱ俺
9時からトレードしたいから帰りたい!!
やっぱり専業なら勝てる!!
フッ

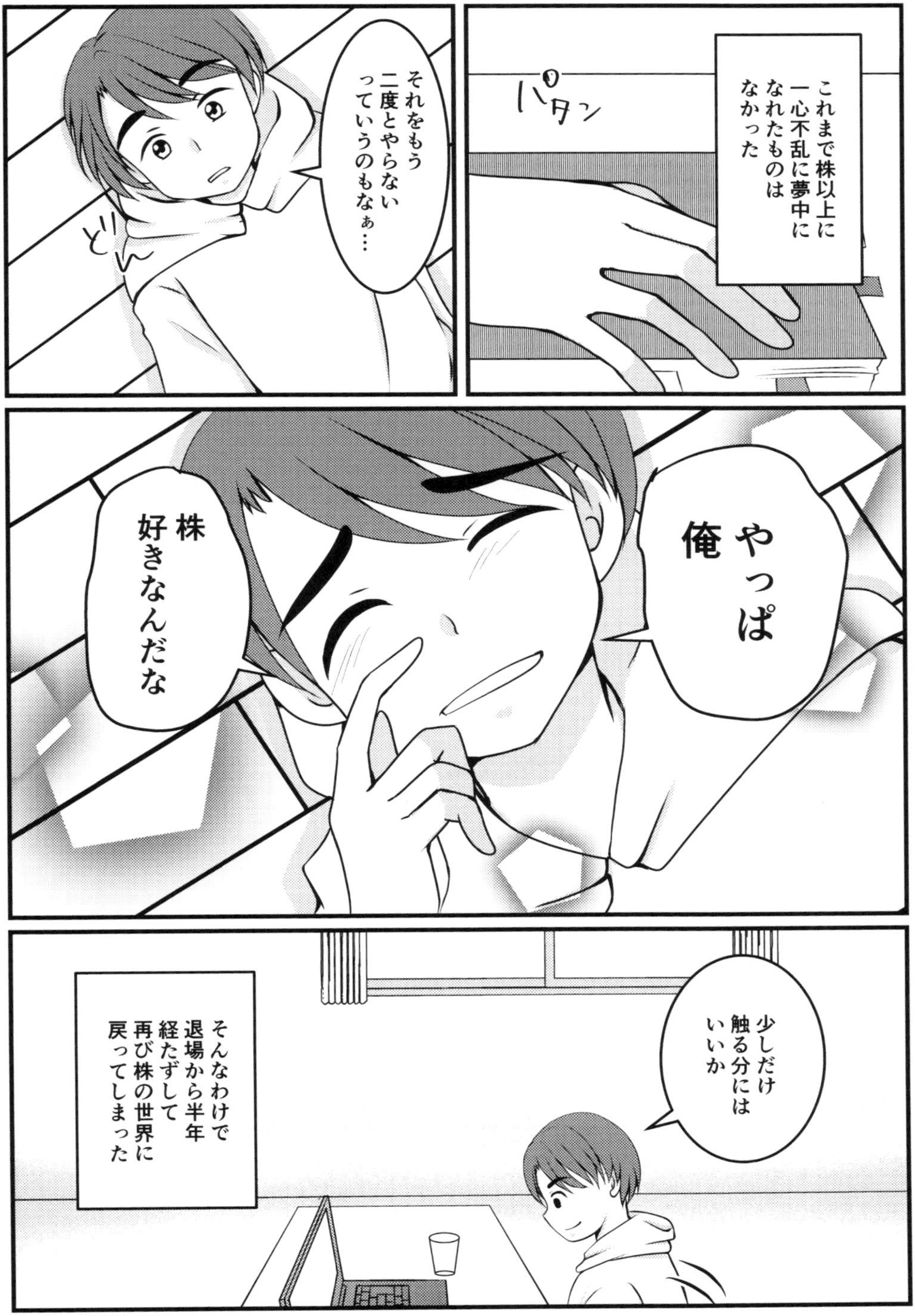
これまで株以上に一心不乱に夢中になれたものはなかった
パタン
それをもう二度とやらないっていうのもなぁ…
やっぱ俺
株好きなんだな
少しだけ触る分にはいいか
そんなわけで退場から半年経たずして再び株の世界に戻ってしまった

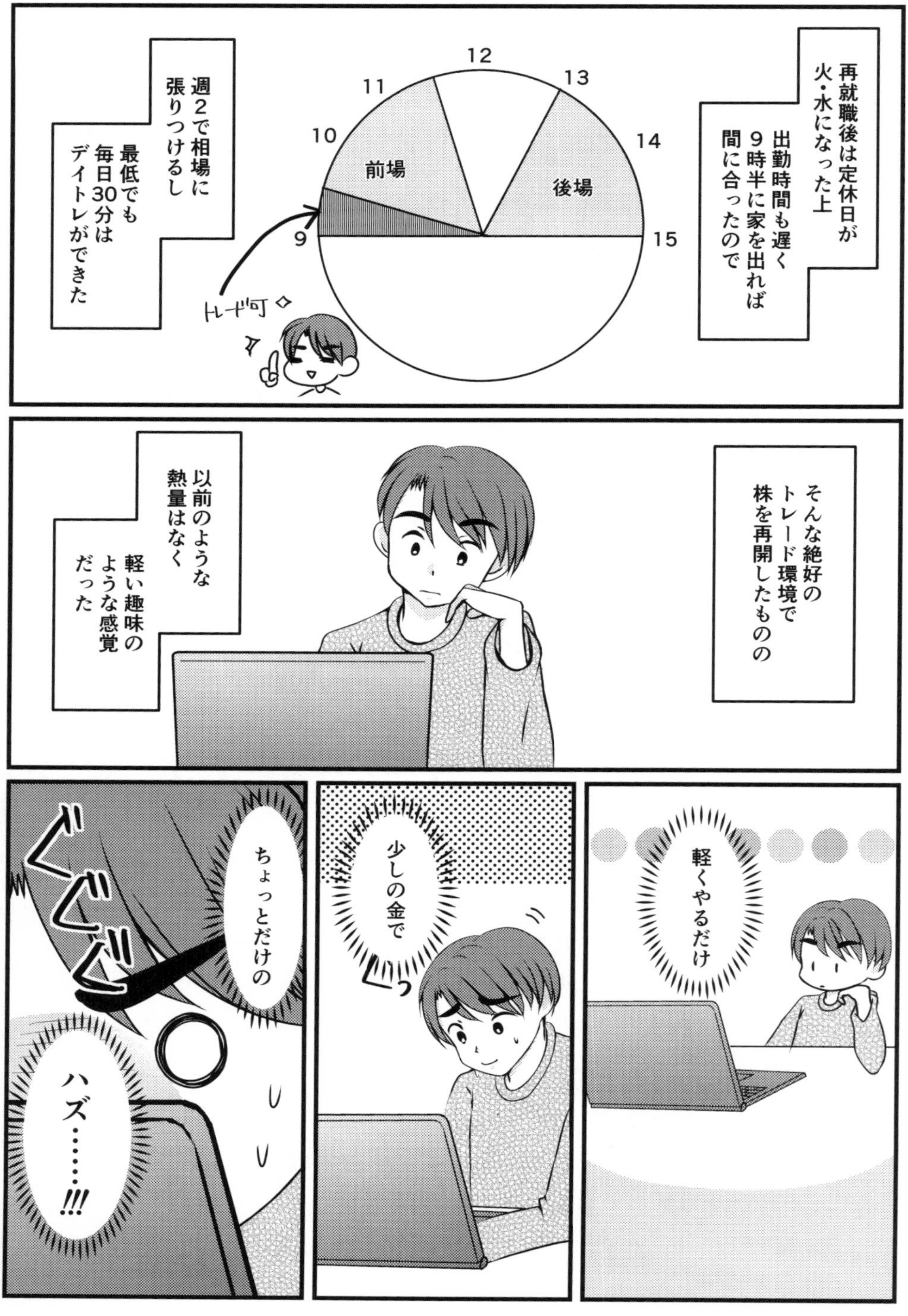
再就職後は定休日が火・水になった上
出勤時間も遅く9時半に家を出れば間に合ったので
12
13
14
15
11
10
9
前場
後場
トレード可
週2で相場に張りつけるし
最低でも毎日30分はデイトレができた
そんな絶好のトレード環境で株を再開したものの
以前のような熱量はなく
軽い趣味のような感覚だった
軽くやるだけ
少しの金で
ぐっ
ちょっとだけの
ぐぐぐ
ハズ……!!!

が趣味のつもりが次第にのめり込み
なんで下がるんだよ!!
気付けばまた給料のほとんどを株につぎ込んでは溶かしていた
はぁ…
カタカタ
兄ちゃん元気？
ピョコ
どうした？
カタ
カタ
トレード勝ってる？
まぁ、ぼちぼちね大負けする時もあるけど

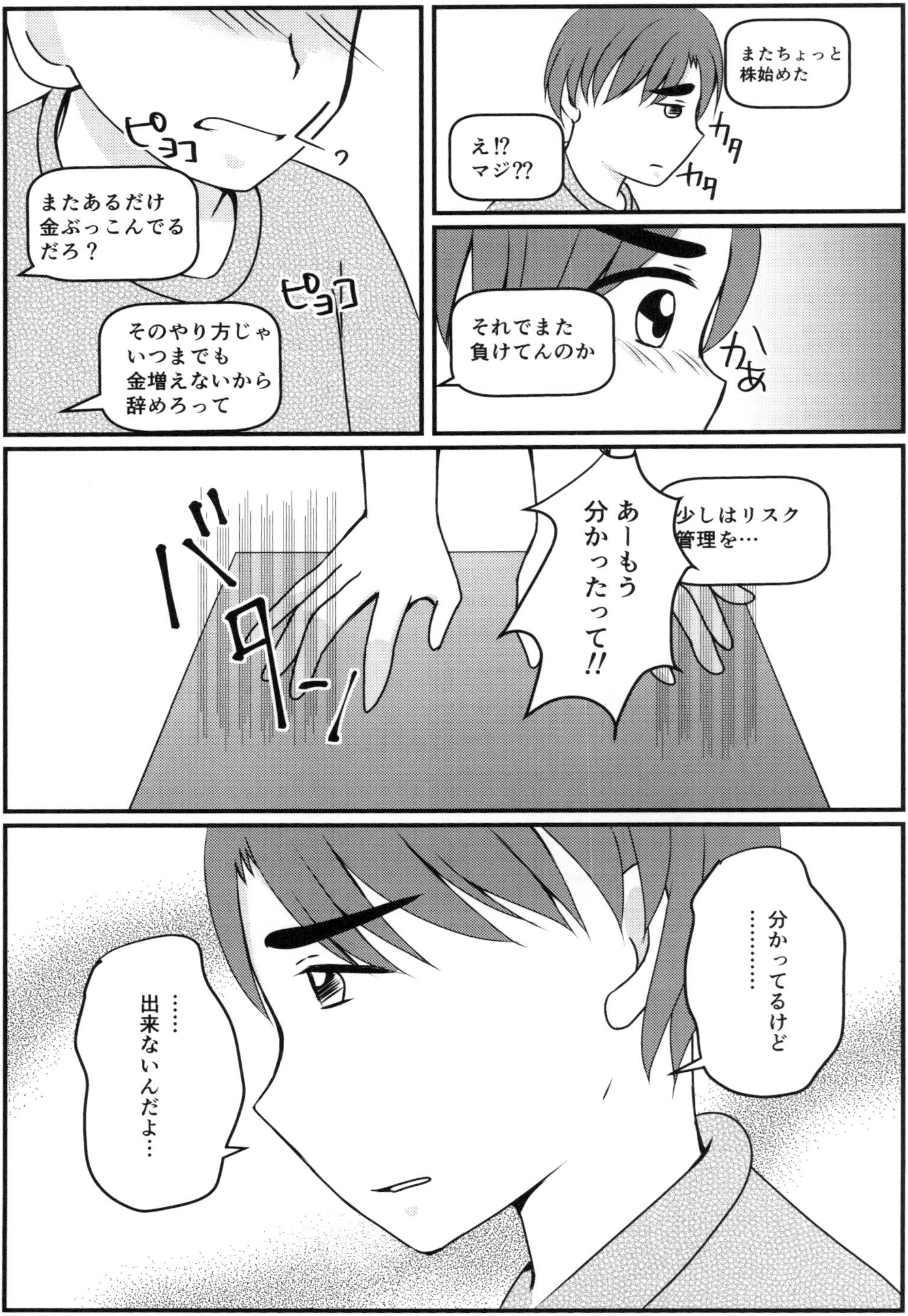
またちょっと株始めた
カタ
カタ
え!?マジ??
ピョコ
またあるだけ金ぶっこんでるだろ？
ピョコ
そのやり方じゃいつまでも金増えないから辞めろって
それでまた負けてんのか
かあ
少しは リスク管理を…
あーもう分かったたって!!
分かってるけど………
……出来ないんだよ…

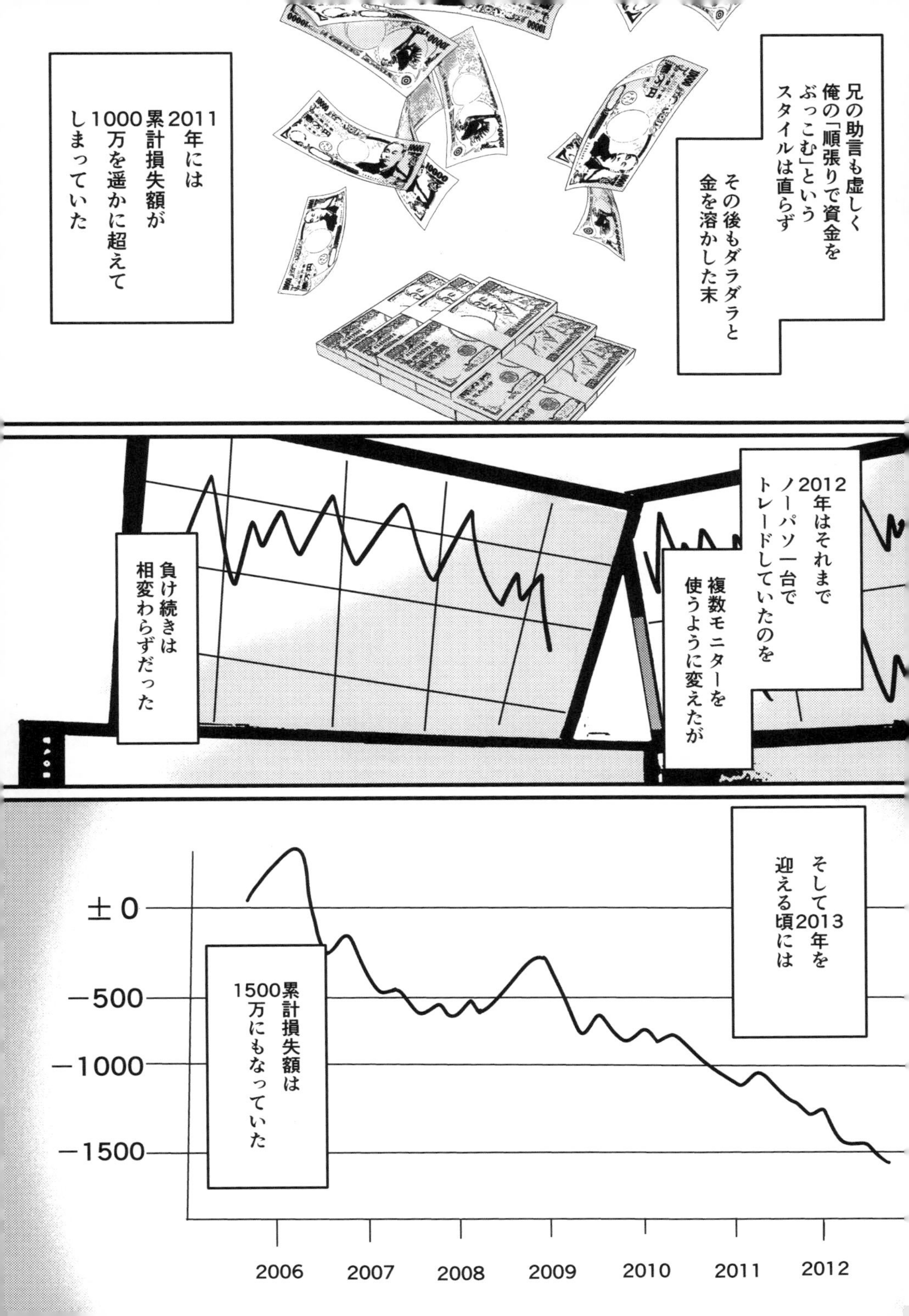
兄の助言も虚しく
俺の「順張りで資金を
ぶっこむ」という
スタイルは直らず
その後もダラダラと
金を溶かした末
2011年には
累計損失額が
1000万を遥かに超えて
しまっていた
2012年はそれまで
ノーパソ一台で
トレードしていたのを
複数モニターを
使うように変えたが
負け続きは
相変わらずだった
そして2013年を
迎える頃には
±0
−500
−1000
−1500
2006
2007
2008
2009
2010
2011
2012
累計損失額は
1500万にもなっていた

しかもこの頃には会社も不調で給料は激減
5
お預かり金額
741,603
503,880
100,000
*1,174,994
*1,074,994
*724,994
*1,079,205
資金も100万ほどしかない
追い詰められていた
もう負けられない
もう株を諦めたくない……ッ
「強い経済を取り戻す」これは喫緊の問題であります

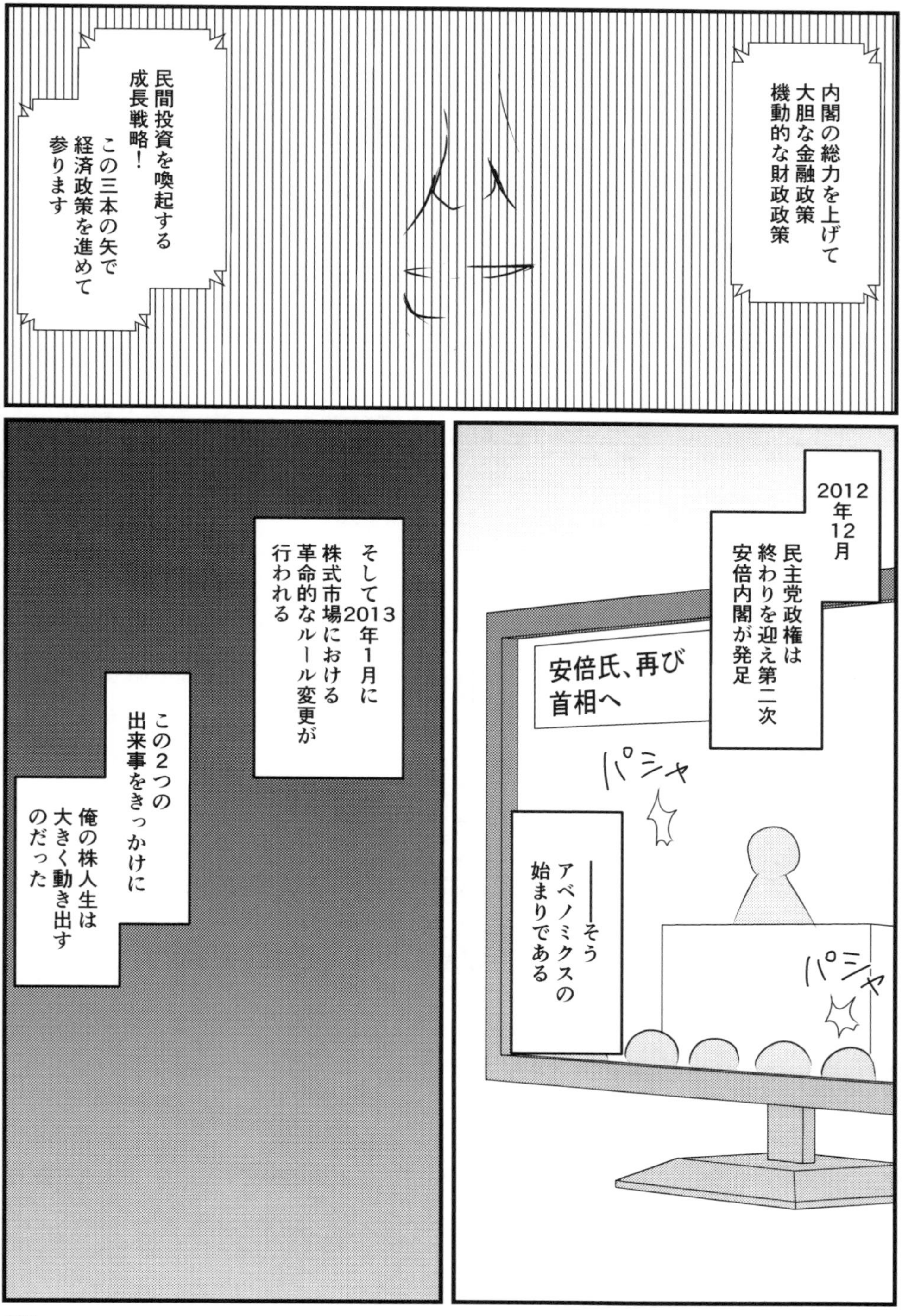
内閣の総力を上げて大胆な金融政策機動的な財政政策
民間投資を喚起する成長戦略！この三本の矢で経済政策を進めて参ります
2012年12月
民主党政権は終わりを迎え第二次安倍内閣が発足
安倍氏、再び首相へ
パシャ
――そうアベノミクスの始まりである
パシャ
そして2013年1月に株式市場における革命的なルール変更が行われる
この2つの出来事をきっかけに俺の株人生は大きく動き出すのだった

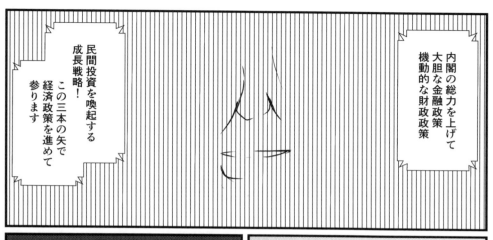

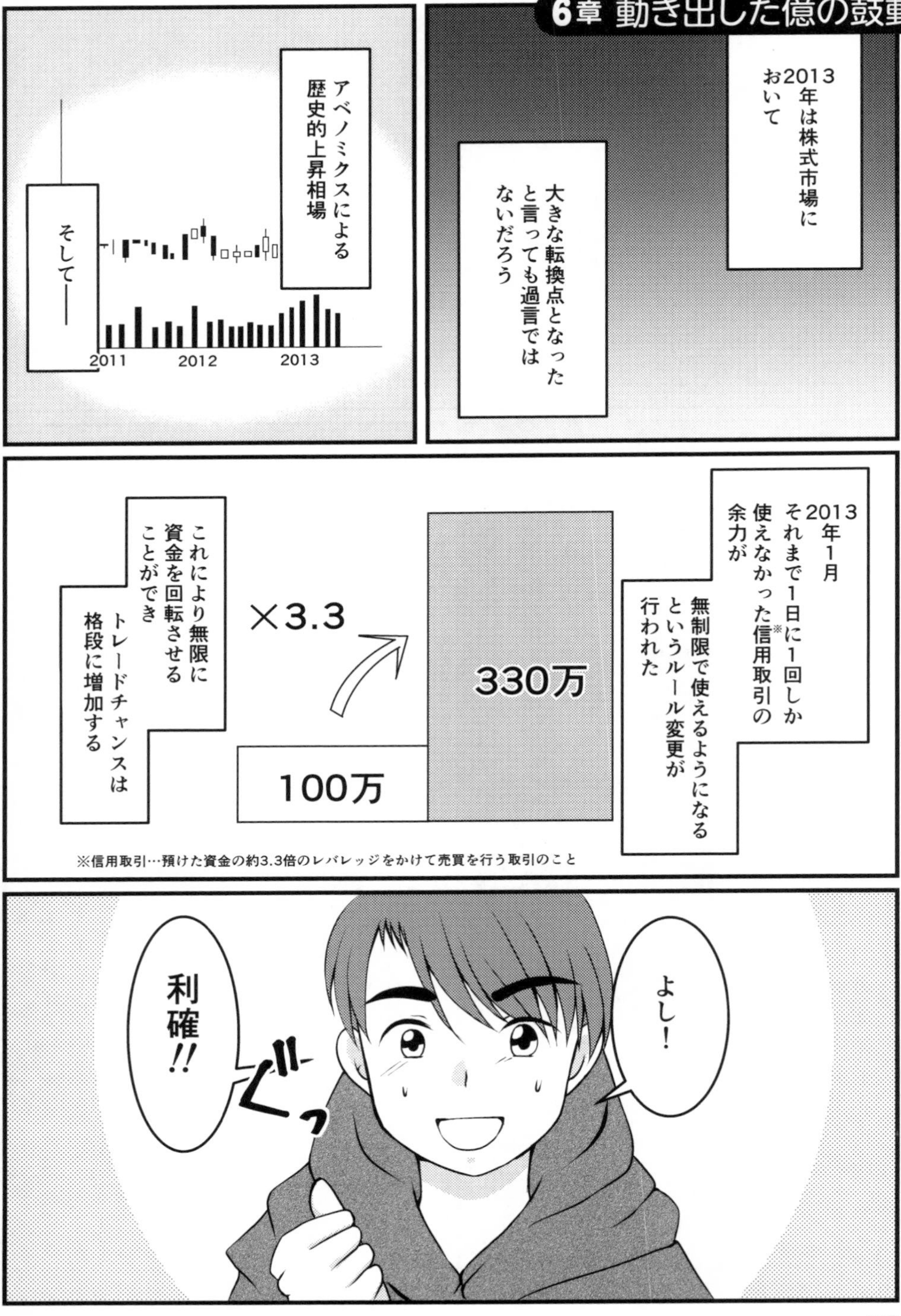
2013年において株式市場に
大きな転換点となったと言っても過言ではないだろう
そして——
アベノミクスによる歴史的上昇相場
2011
2012
2013
2013年1月
それまで1日に1回しか使えなかった※信用取引の余力が
無制限で使えるようになるというルール変更が行われた
330万
×3.3
100万
これにより無限に資金を回転させることができ
トレードチャンスは格段に増加する
※信用取引…預けた資金の約3.3倍のレバレッジをかけて売買を行う取引のこと
よし!
ぐっ
利確!!

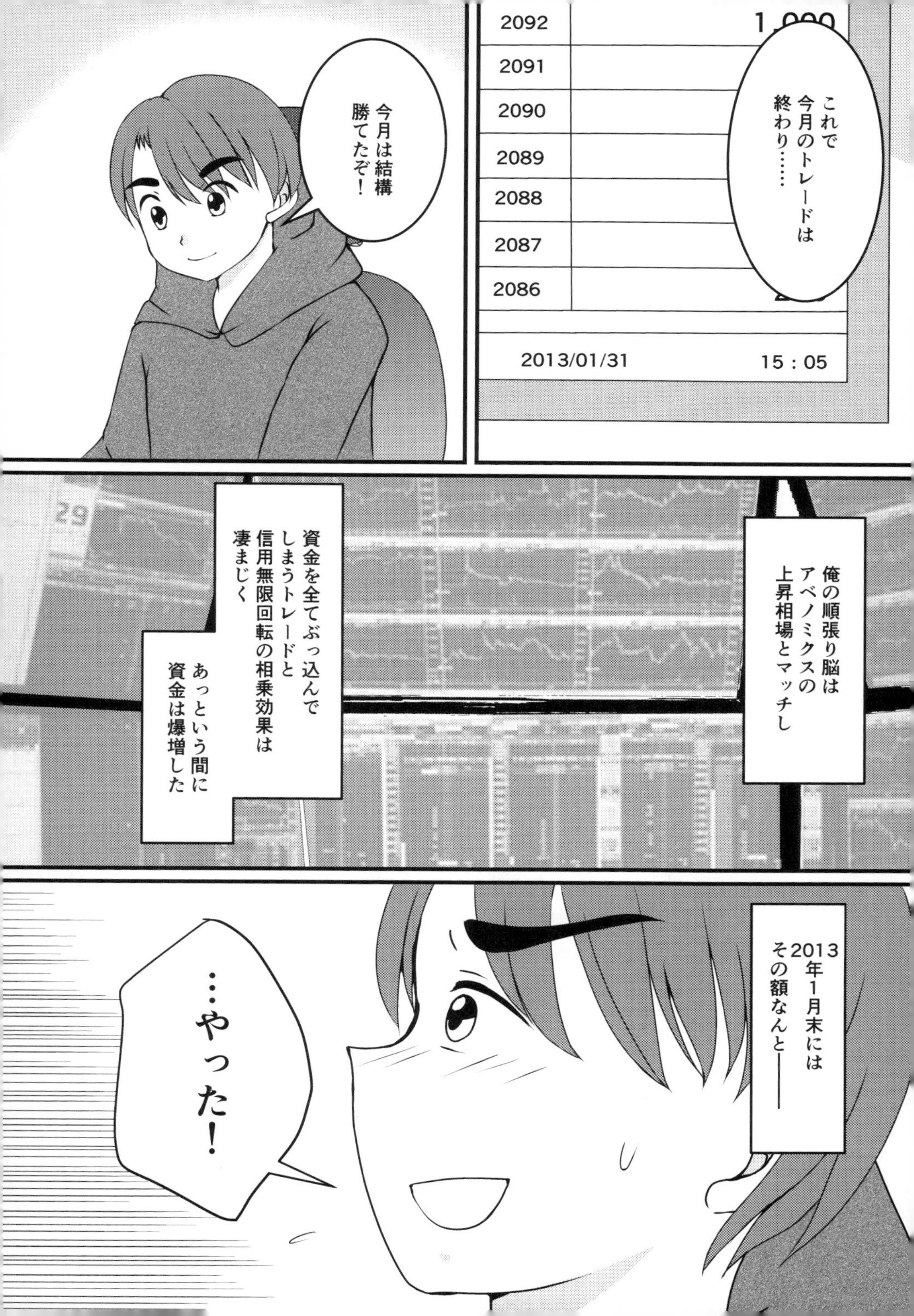
2092
2091
2090
2089
2088
2087
2086
2013/01/31
15：05
これで今月のトレードは終わり……
今月は結構勝てたぞ！
俺の順張り脳はアベノミクスの上昇相場とマッチし
29
資金を全てぶっ込んでしまうトレードと信用無限回転の相乗効果は凄まじく
あっという間に資金は爆増した
2013年1月末にはその額なんと――
…やった！

お客様情報変
資産合計
21,242,593
前日比　＋728,004
■ 投資信託
■ 国内株式
＋2100万円
2か月前まで累計収支は▲1500万円だったのが
＋600万円に転じていた
やっと…
やっと……
やっと
俺は
株で勝ち組に
なれた……!!

思えば　これまで　色んなものを　失ってきた
お金じゃ買えない　大切なものも
ここまで来るのに　長かった…
ギシッ
本当に　長かった…
これまでのような　失い続ける人生は
もう　終わりにしよう
2か月前の　2012年11月末――
あーッ　ダメか……

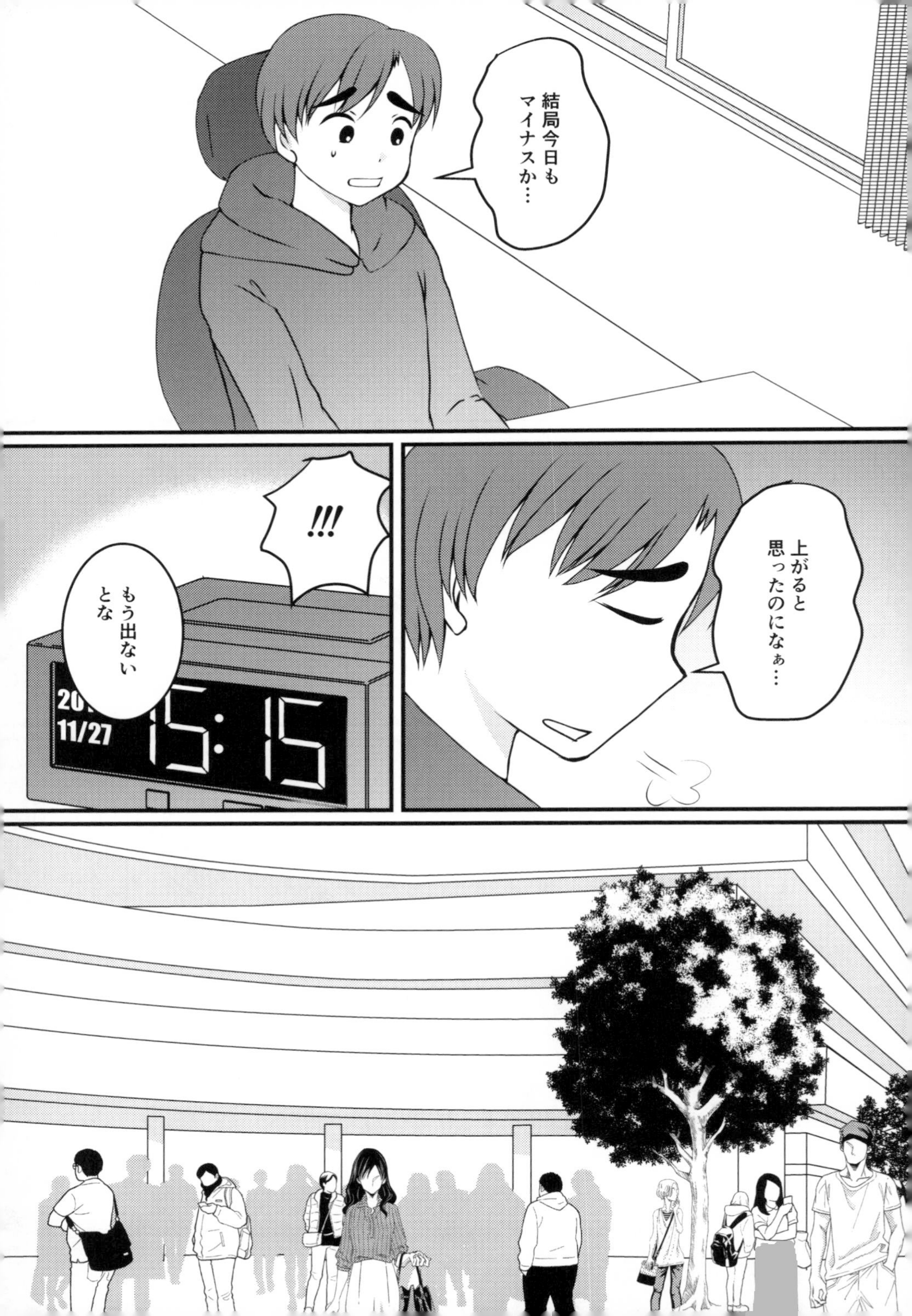
結局今日もマイナスか…
上がると思ったのになぁ…
!!!
もう出ないとな
11/27
15:15

ナナ!!
ごめん…待った?
今来たとこだから大丈夫
じゃあ行こっか
ぎゅっ
うん!
チラッ
…………

わぁ…高いね
……ねぇジュン
何かあった?
へ?
なんか元気ないから…
……
実は…
株で結構やられてさ……

そっか……
じゃあ
美味しいもの食べに行こ!
え!?
お腹いっぱいになれば嫌なことも忘れるって!
ね?
にこっ
…………
くすっ

ナナとは付き合って一年半になるが株で負け続きの俺を心から支えてくれた
やっと笑ってくれた
うんありがとう
今度は俺がナナを笑顔に…
早く行こ!!
グッ
俺が頑張る番だ…!
今度こそ株で成功して
大切な人と幸せになろう

そう決意して2か月……
やっとここまで来れた……
出金可能額
出金受付日
銀行口座入金日
手数料
金額
15000000 円
・証拠金　振替はこちら
出金受付日
2013/01/31
0円
とりあえず1500万円は出金しておこう
これで生涯プラス収支は守られる
もう株に振り回される人生には疲れた………
彼女との輝かしい未来に向かって
このまま上昇の波に乗る!
そう思って挑んだ2013年2月

な…
なんで??
あ あ あぁぁ
全部
下がるんですけど……
ウソだ…!!!
ガーン
あっという間の6連敗
この頃のトレードはまさにジェットコースター
400万負けたかと思えば直後に600万勝つ
そしてまた数百万単位で負けるという乱高下

次第に金が一日に何百万と動くことにも何も感じなくなっていった
あーあ
クソ…▲《マイナス》120万か…
結局2月の成績は大して振るわなかったが
3月は5連勝スタートで好調な滑り出し
出金して600万スタートだった資金は
ドーン
1300万になっていた
一方その頃
アイと結婚したリョウは新婚旅行の計画を立てていた
やっぱ北海道って言ったらいくらだよね!
いくらでも食べたい
イクラ丼

ラーん
でも…ほら俺いくら苦手だし
北海道のは違うって!
北海道
イクラ丼
いくらに対する価値観変わると思うわ
ゴゴゴ…
ゴゴゴ…
そ…その自信はどこから……?
82% 18:26
着信中
ジュン
ティン
ティロ
拒否してメール送信
お!
ジュンだ
あっ兄ちゃん?
元気??
まぁ…それなりに
月末に北海道行くからその計画立ててた
るるぶ
北海道

あぁ！新婚旅行！
でれっ~
…になるかな？
いいなぁ～北海道
ジュンもたまには旅行してみたら？
いやぁ…行きたいけどさ
今はトレードが忙しくて無理だよ
そういえば最近結構勝ってるらしいけど
また全部溶かしてないだろうな？
してないよ～今月だけで700万は勝ってるんだから
えん？
へ……
へぇ～……
ダラ
ダラ
ダラ
ダラ
ダラ

それより兄ちゃんは？
もうデイトレやらないの？
あ…う〜ん…
塾の仕事が忙しいし結婚もしたばかりだしさ
もったいないな〜
…………
どうした⁉
…………
ジュン
[redacted]
なんだろうな…
ミュート
スピーカー

2011年に塾を開業し
経営者として毎日駆け回る日々だった
株かぁ…
そんな多忙の中で次第にトレード熱も冷めていき
あれだけ必死だったデイトレも今はほとんどやらなくなっていた
それまで俺は兼業とはいえプラス収支を続けていたものの
弟は負け続きだった
それがほんの数か月で弟はとんでもない勢いで
俺を抜き去っていったのだ
ぐぐぐ
兄としてはこの上なく複雑な気持ちだ

翌月
2013年4月末
今！絶対に！
株やった方がいいって
新興市場が※
めちゃくちゃ上げてて
お祭り状態なんだよ
こんなチャンス
二度とないよ!?
※新興市場…ベンチャー企業が多く上場している　東証マザーズ、JASDAQ等
ほら
これ見て!!
暴騰してるから
何買っても
勝てる感じ
なんだよ
マザーズ　総合指
ほ…ほんとだ

――で？
今いくらになったの？
4000万円!!
!?
それくらい今の相場は来てるんだよ！
よよよよ4000万!?
この時のジュンのトレードは
相変わらず激しいものだった
デイトレに加えスイングトレードも並行していたので
資産の上下は毎日数百万単位で動いていた

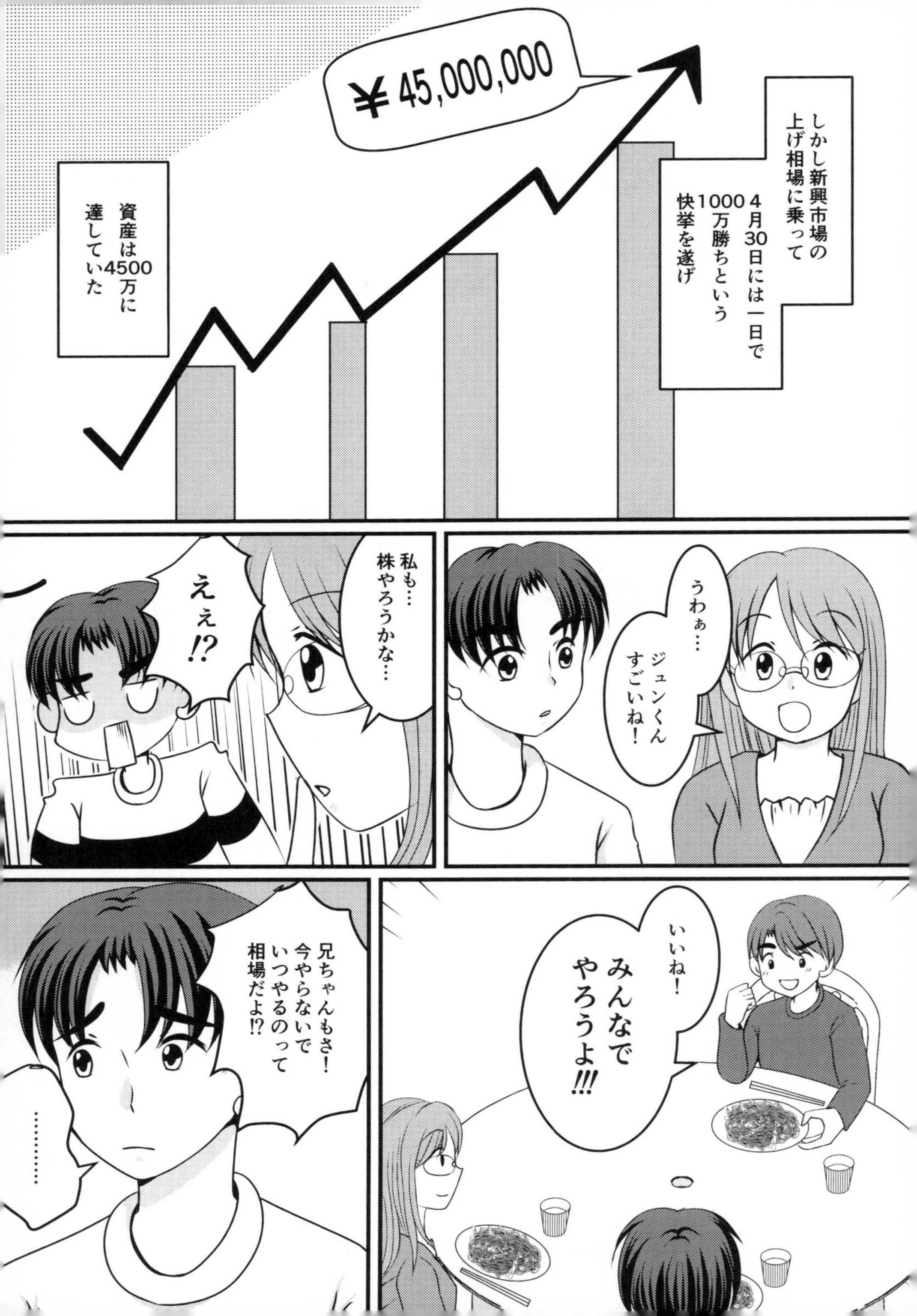
しかし新興市場の上げ相場に乗って4月30日には一日で1000万勝ちという快挙を遂げ
¥45,000,000
資産は4500万に達していた
うわぁ…
ジュンくんすごいね!
私も…株やろうかな…
えぇ!?
いいね!
みんなでやろうよ!!!
兄ちゃんもさ!今やらないでいつやるのって相場だよ!?
………

確かに…
こんなバブル相場は
滅多にない…
金
プライド
金
プライド
よし
やるか!
おお!
兄ちゃん
ついに復帰!!
いやぁ
嬉しいな〜
そしたら今度３人で
チャットしながら
トレードしようよ
あっ
それいいな!

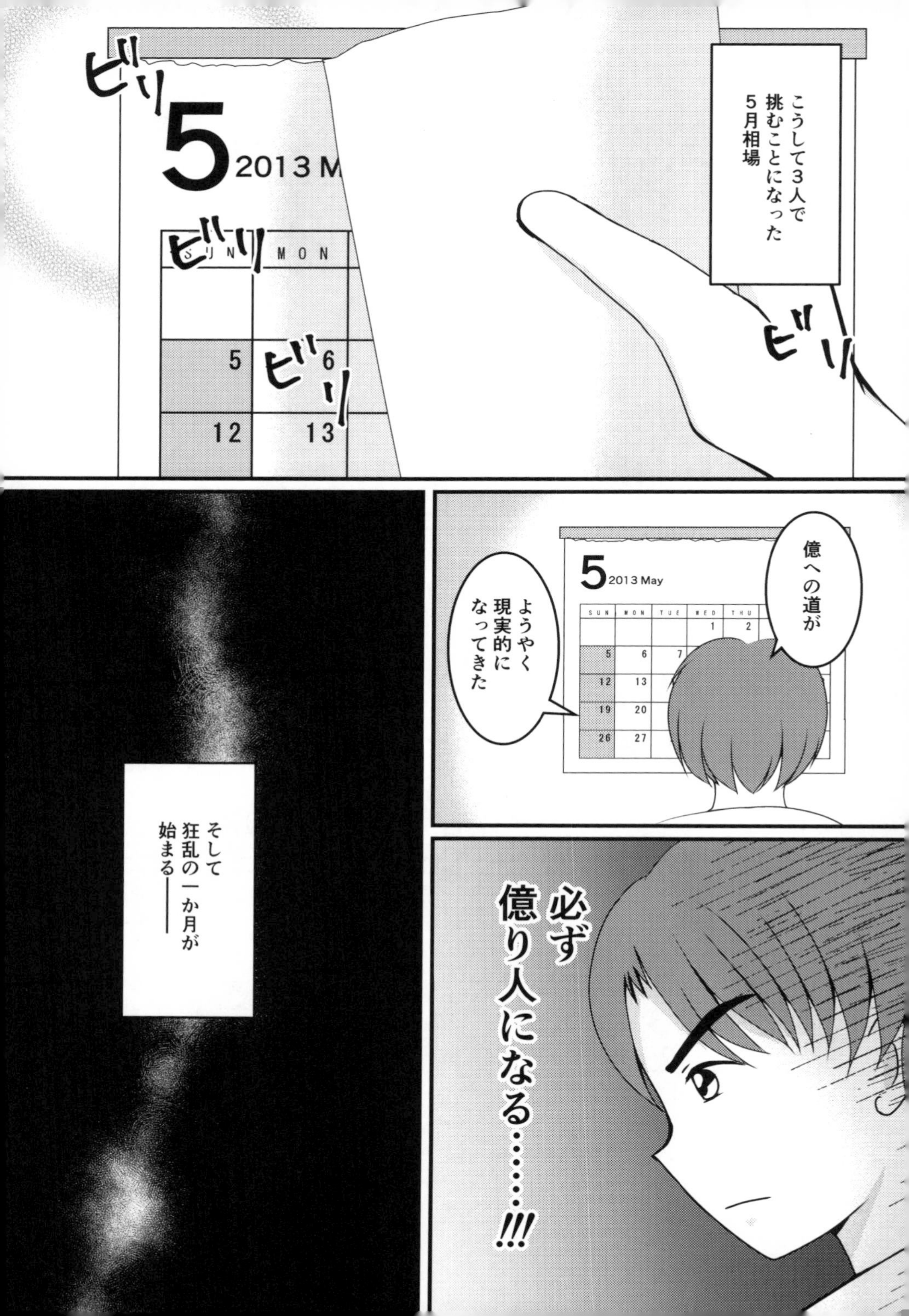

こうして3人で挑むことになった5月相場
ビリ
ビリ
ビリ
ビリ
5 2013 M
MON
5
6
12
13
億への道が
ようやく現実的になってきた
5 2013 May
必ず億り人になる……!!!
そして狂乱の一か月が始まる——

7章 億トレーダー誕生

2013年5月1日
2013
5/01
14:02
ゴクリ
実現損益 (!) +25,031,700 2013/0
コード 銘柄名 実現損益 区分 市場 取
こんなに勝ったのは初めてだ…!
ヤバイヤバイヤバイ!!!
一日で2500万!?億行けるぞ!!
ドキドキ
ドキドキ

あと一時間…あと一時間でもうひと稼ぎ…
チラッ
!?
え!?
ギュン
あれ!? ちょ…え!?
ガタッ
急になんだよ！ちょっと待っ……!!!
あ
ググググッ
あぁ……ッ
ギュイーン
評価損益
建区
-540,000 買建
-1,725,000 買建
-1,840,000 買建
-3,565,000 買建
バババババ
あああああああ!!!

あ――――……
2013 5/01 15:05
5月初日
結局最後のたった一時間で1100万もの損失を出してしまった
それでもトータルでは1400万勝ち
むくっ
一日の勝ち額の最高記録を更新した
翌日5月2日も一時1000万負けまで減らすも
最後には800万勝ちまで持っていった
2日で2200万勝ち……
本当に今月中に億行けるかもしれない

でも明日から4連休…
5 2013 May
TUE WED THU FRI SAT
せっかく良い波が来てるのに……
今は一分でも相場に触れていたい
一方 同日同時刻のリョウ家では――
よーし!
勝った?
うん 久しぶりだから不安だったけど
4万勝ち!!
ぐっ
おぉ! やるじゃん!

私も早く
やってみたいな～
わく
わく
明日には
モニター届くと
思うよ
ホント？
トレードの仕方とか
ジュンくんに
色々教えてもらおー♪
…………
そ……
そうだね……
楽しみ～

あぁ…でも
そうだよな
ジュンの方が
勝ってるわけだし
資産4500万には
勝てな……
!?
お……
おぉ………
というわけで後場で
減らしました。
5/1の収支
+14,000,000
明日も頑張りま
※ジュンのブログ
おぉ……
おー……
勝です(^^)v
収支
連休明け
まじかよ
あいつ2日で
2200万も勝ってんのか!?
プルプル
てことはトータル
6700万……!?
……
損益
!
+40,550
コード
銘柄名
実現損益
区分

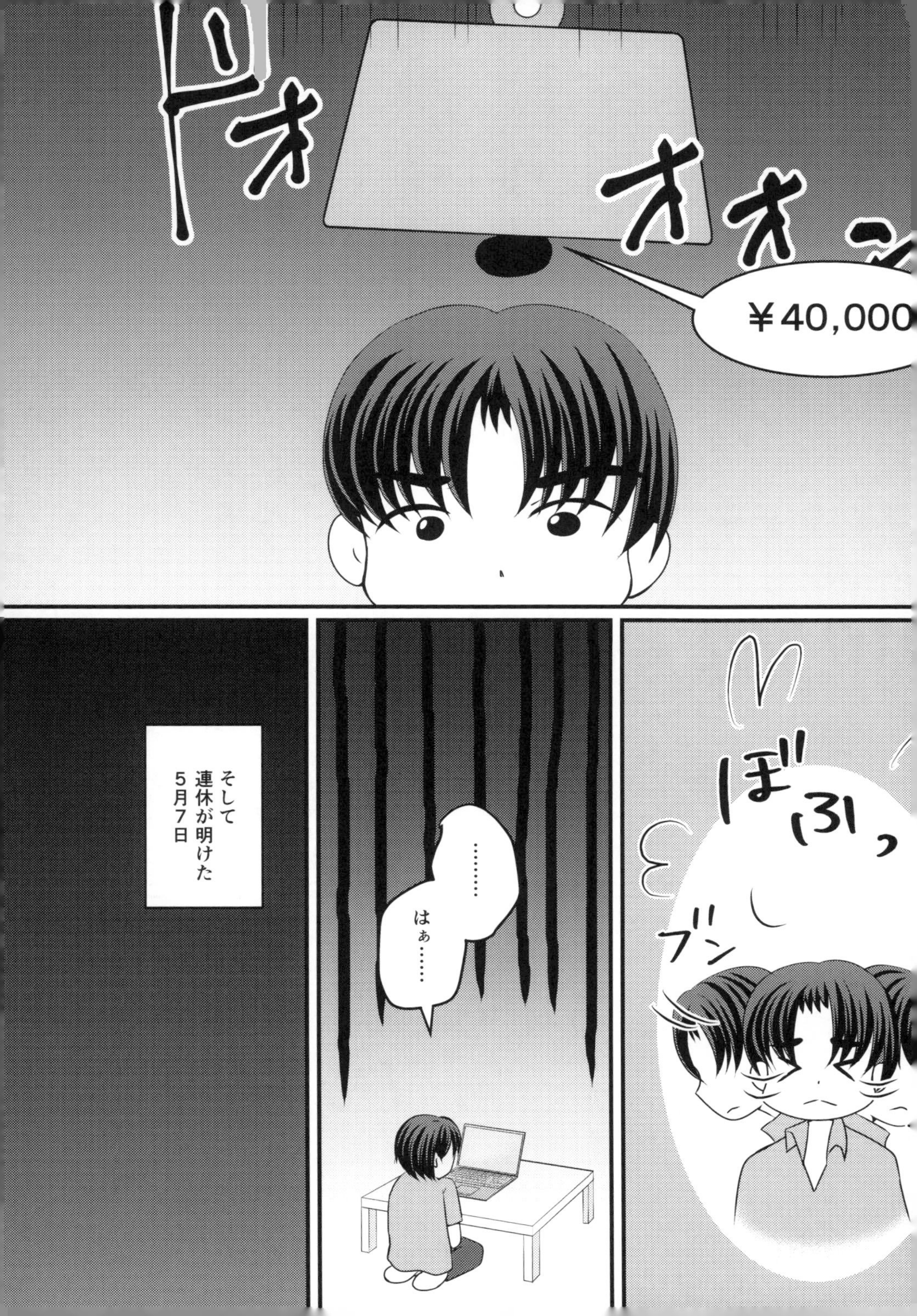
ドオオオン
¥40,000
ぼふっ
ブン
………
はぁ……
そして
連休が明けた
5月7日

やったー!
わあー!
3万円ゲット!
すごい!
ジュンくんが注目してた銘柄上がったよ!
リョウは? 買った?
買ってない
買えるわけがない……
ジュンが注目する銘柄はどれも既に上げてるものばかり
逆張り脳の俺からしたら全く手が出ない

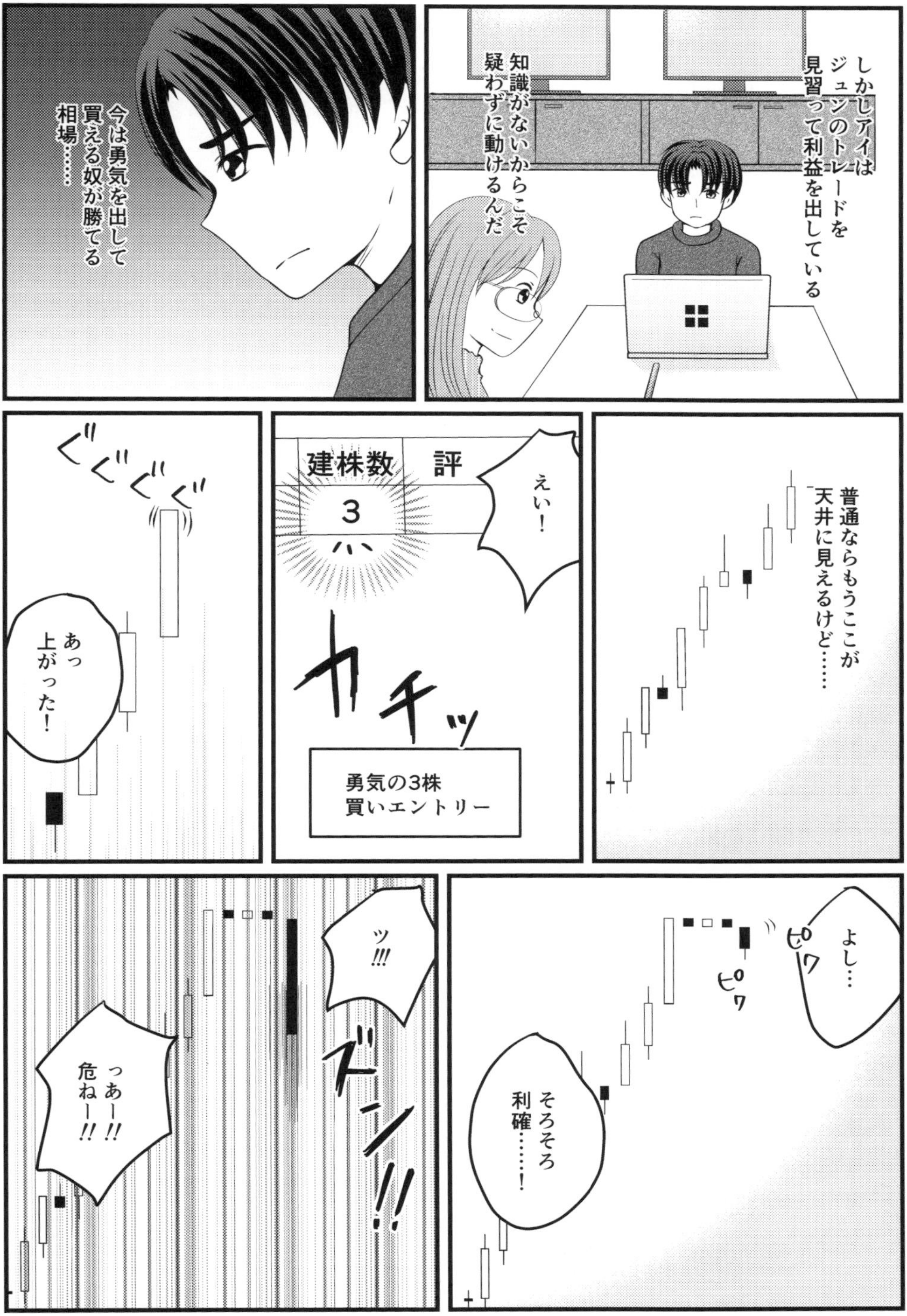
しかしアイは
ジュンのトレードを
見習って利益を出している
知識がないからこそ
疑わずに動けるんだ
今は勇気を出して
買える奴が勝てる
相場……
普通ならもうここが
天井に見えるけど……
えい！
建株数 評
3
ハ
カチッ
勇気の3株
買いエントリー
ぐぐぐぐ
あっ
上がった！
よし…
ピクピク
そろそろ
利確……！
ッ!!!
ズドーン!!
っあー!!
危ねー!!

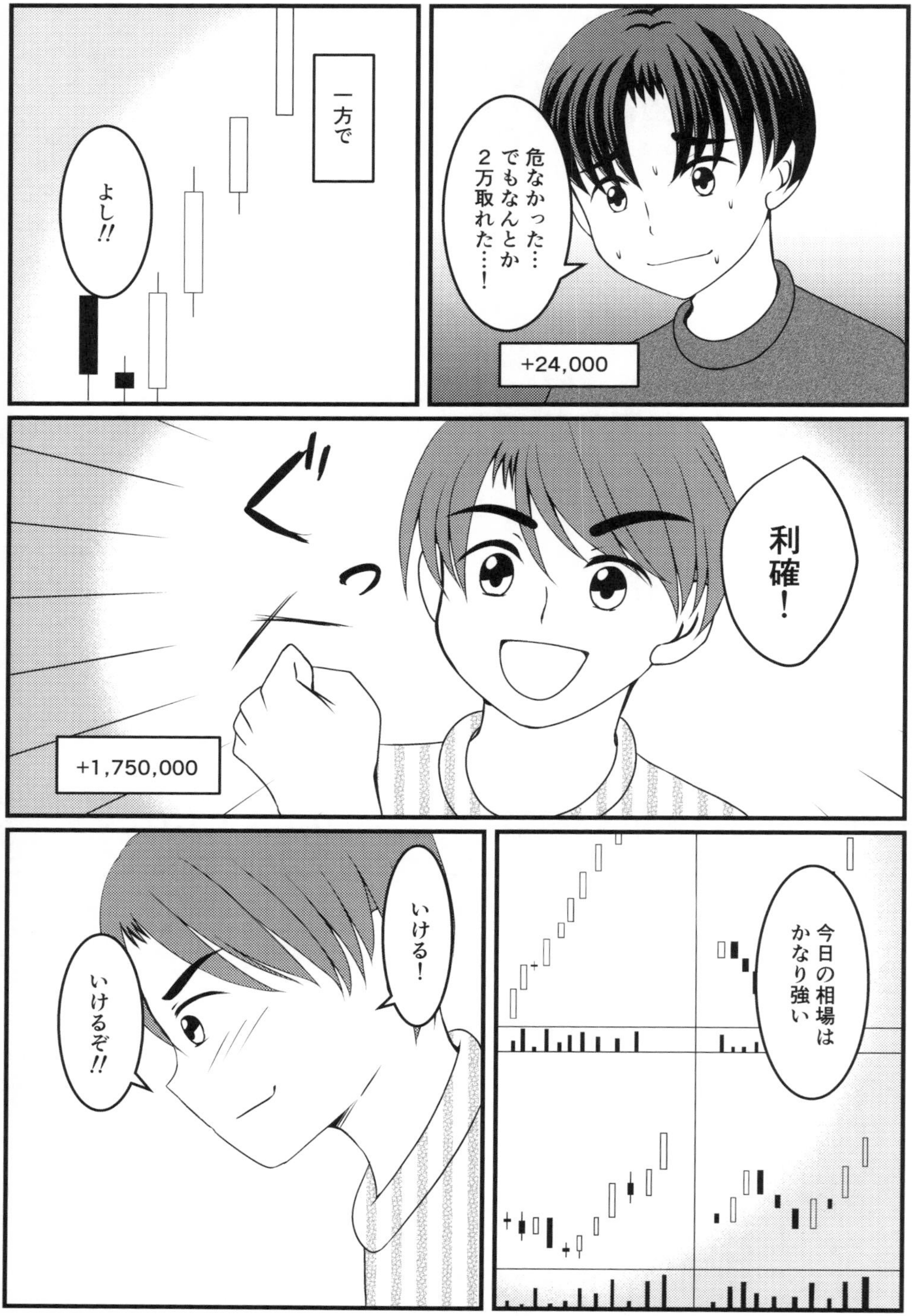
危なかった…でもなんとか2万取れた…!
+24,000
一方で
よし!!
利確!
ぐっ
+1,750,000
今日の相場はかなり強い
いける!
いけるぞ!!

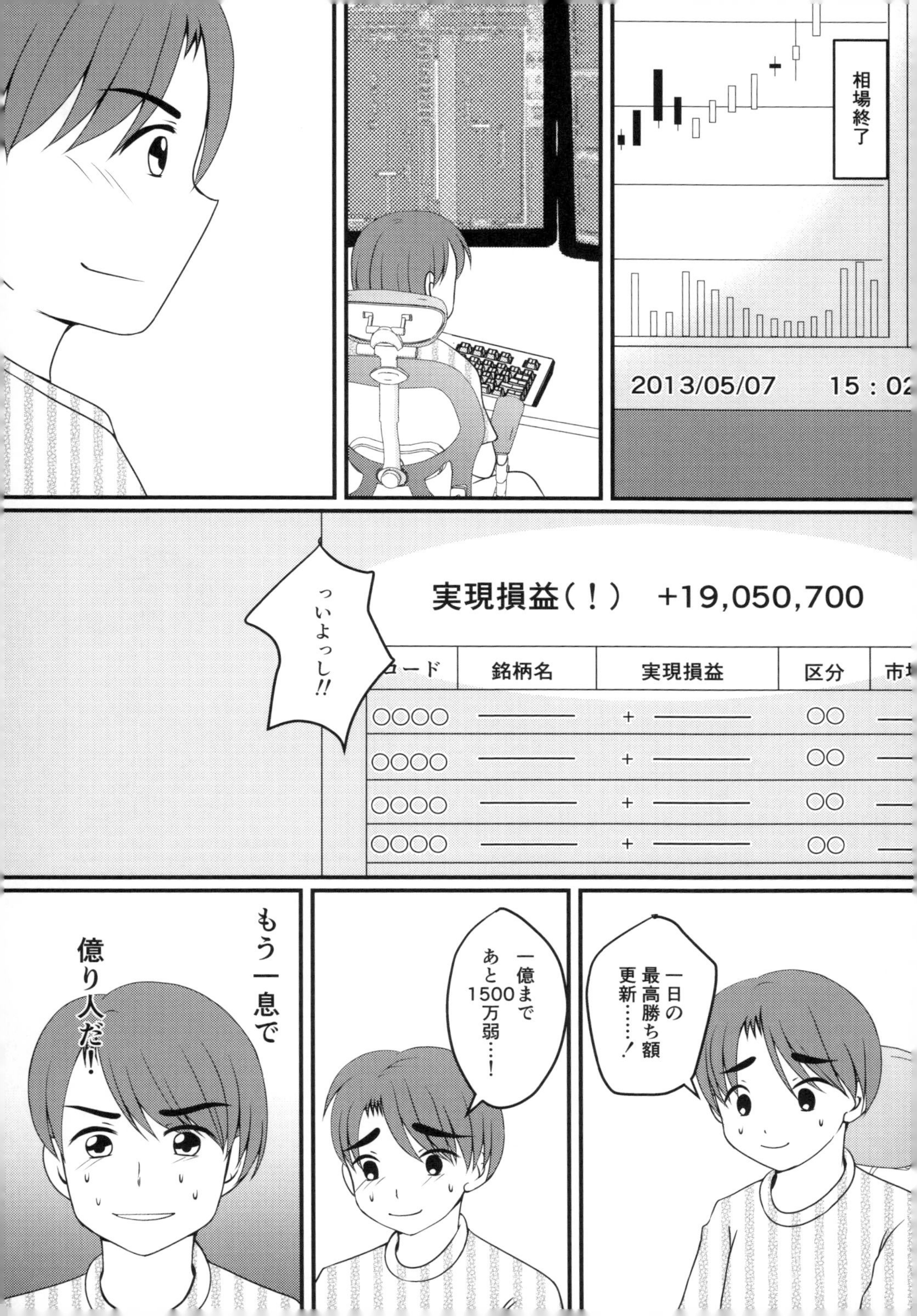
相場終了
2013/05/07
15：0
実現損益（！） +19,050,700
ード
銘柄名
実現損益
区分
市
っいよっし!!
一日の最高勝ち額更新……！
一億まであと1500万弱…！
もう一息で億り人だ!!

実現損益(！)　+52,800
コード　銘柄名　現実損益
——　○○○　+8,000
——　○○○　+5,200
——　○○○　+10,890
……
ジュンは…1900万勝ち……
後場はこの2銘柄
というわけで連休
5/7の収支
+19,000,000
最高記録更新しました！(^ ^)
格が……
違いすぎる……

小さい頃から
ずっと一緒で
俺は兄としてずっと
ジュンに背中見せて
きたはずだった
パッ
ジュン!?
ジュン!!
待てよ!!
待って!
俺を置いて
行くなよ!

ダメだ…
追いつけない
あまりに遠い背中
¥100,000,000
そうか…
「億」………
お前は
億り人になるのか
俺には到底
辿り着けない……
そして
2013年5月14日
ジュンは
ついに億を
達成する

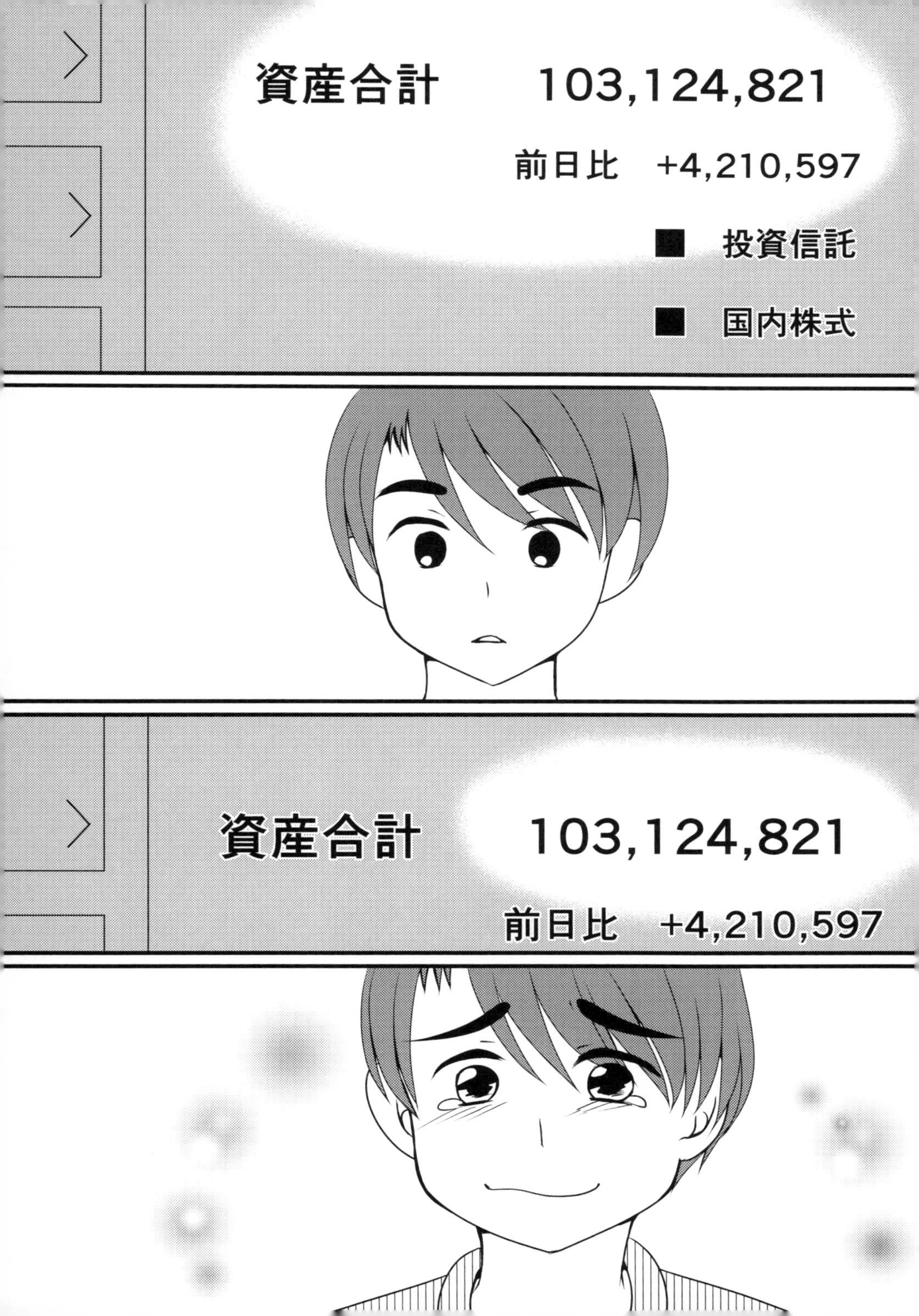
資産合計　103,124,821
前日比　+4,210,597
■　投資信託
■　国内株式
資産合計　103,124,821
前日比　+4,210,597

よっしゃーーーッ!!!
やった……
俺……やったんだ……

これまで何度も何度も
負けて
-502,30
748,900
負け続けて
-3,462,000
辛くて
辛くて しんどくて
それでも諦めなかった
産合計
103,124,8
前日比 +4,21
投資信託
全てはこの日のために頑張り続けた
株をやってて
良かった…!!

この日は沢山の人から祝福の言葉をもらった
○○○○より
2013年5月14日　16:05
億達成すごすぎます！本当におめでとうございます！
○○○○より
2013年5月14日　16：20
はじめまして。ずっとブログ見て応援してました。
億突破おめでとうございます
マジで！？すげ――――!! おめでとう!!
ブログの読者 ネットで出会った株仲間たち
そして
兄ちゃん？
うん
俺…やったよ…
億……いった……
…あぁブログ見たよ
見てくれたんだね
……あぁ

おめでとう
ジュン
お前
すごいよ
ありがとう
兄ちゃん
みんなからの
言葉で少しずつ
億達成の実感が
湧いてきた
5 2013 May
だけどもう一人
俺にはどうしても
伝えたい人がいる
17：35
5月14日

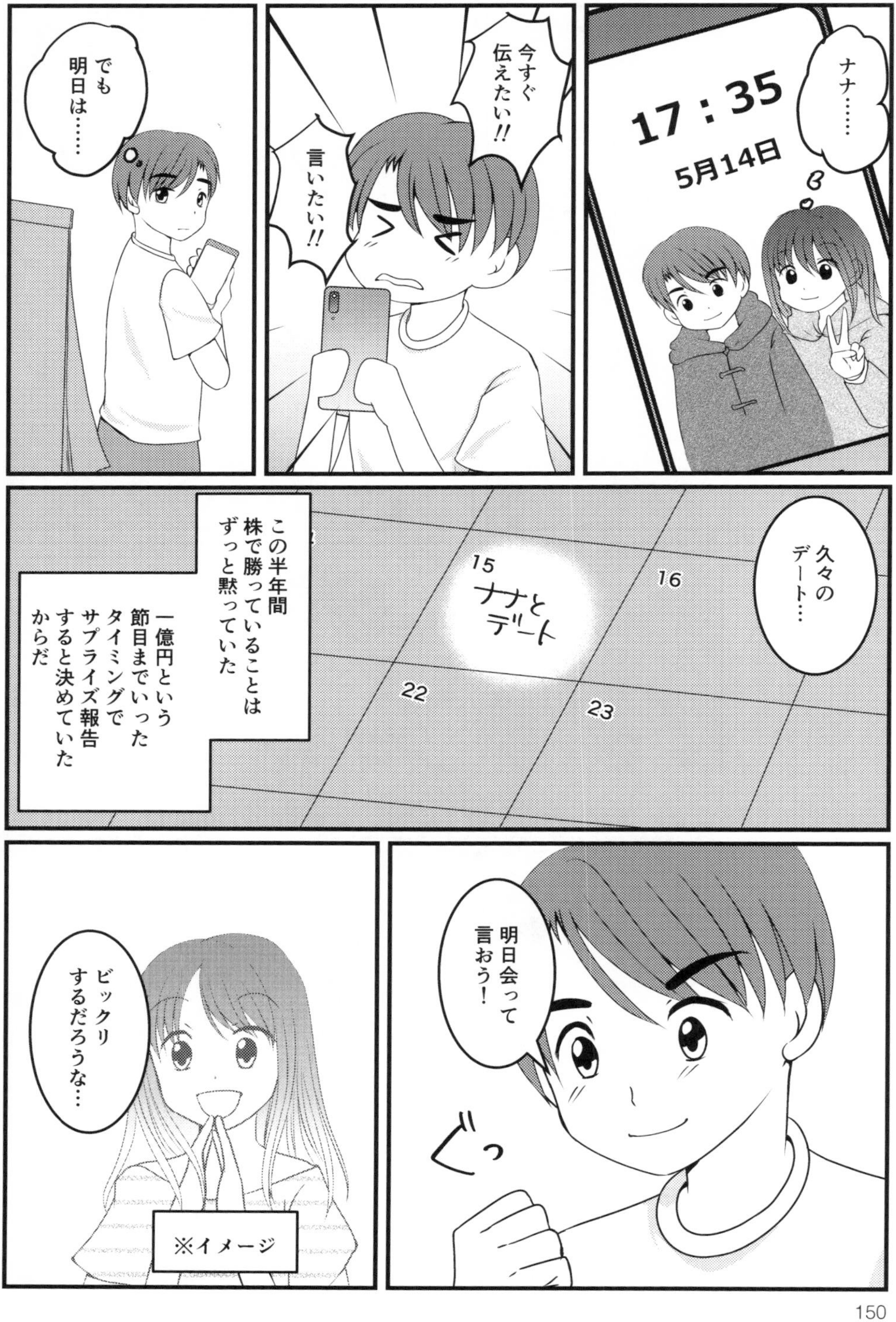
ナナ……
17：35
5月14日
今すぐ伝えたい!!
言いたい!!
でも明日は……
久々のデート…
15
ナナとデート
16
22
23
この半年間株で勝っていることはずっと黙っていた
一億円という節目までいったタイミングでサプライズ報告すると決めていたからだ
明日会って言おう！
ぐっ
ビックリするだろうな…
※イメージ

億という節目を超えて
ここから俺の第二のトレード人生が始まるんだ
明日は負けられない…
絶対に……
ナナに報告するためにも「必ず億を死守する」そう心に決めて挑んだ翌日
俺はどこまでも株に人生を狂わされるのだと思い知ることになる

8章 一日天下。そして またしても大切な人が…

これもジュンが億トレーダーになったお陰だね
……あぁ
そう
夢にまで見た
億り人生活――
好きな人と好きな家に住んで
はぁ
金の心配などしない
ゆとりある暮らし
………そうじゃないのか？

ダーン!!
※現実
そうじゃないのかよ!?
なんで…こんな…
ハクッ
!?
益（！） -35,298,800
コード
銘柄名
実現損益
区分
市

ヤバイ…ヤバイって…
実は億達成の日にいくつか株を持ち越していた
その翌日よりによってそんなタイミングで市場が大暴落したのだ
ギュッ
取り戻せ…取り戻すんだ…
大丈夫!
まだ時間はある…!
2013
5/15
10:32
億を…
億を割るわけにはいかない

ズーン
ズズーン
ズあ゛あ゛ーあ゛あ゛あ゛
ガシャアア
――終わった――
実現損益　（！）　-45,024,000
コード
銘柄名
実現損益
区分

終わってしまった
こんなにも
アッサリと……
一日天下
だった
あぁ…
もう出ないと…
2013
5/15
15:51
……
どんな顔して
会えばいいんだ
……!!
いや…そうも
言ってられないな
とりあえず
行こう…!

この半年
株を優先してナナと
ほとんど会っていなかった
はっ
はっ
大負けしたからといって
このデートを無しには
できない
ナナ
久しぶり!
…うん
……?
何……
この違和感……

——あれ?
なんか俺より
ナナの方が
元気ないような…
まぁそれで結局
今日の負けで
億は割っちゃった
んだけど…
でもこれからは
もっと会えるように
するからさ!
………

ごめん
……え？
……今更……遅いよ………
ジュンが株に熱中してる間に…私も色々あったんだ
え!? …え？
ちょ…どういう事!?

他に好きな人ができたの
え゛ぇ゛え゛ぇ゛ええええー!?

え……っ
ちょっと待って
株ばっかりになってたのは本当にごめん
これからは気をつけるからさ……！
……
ごめんね

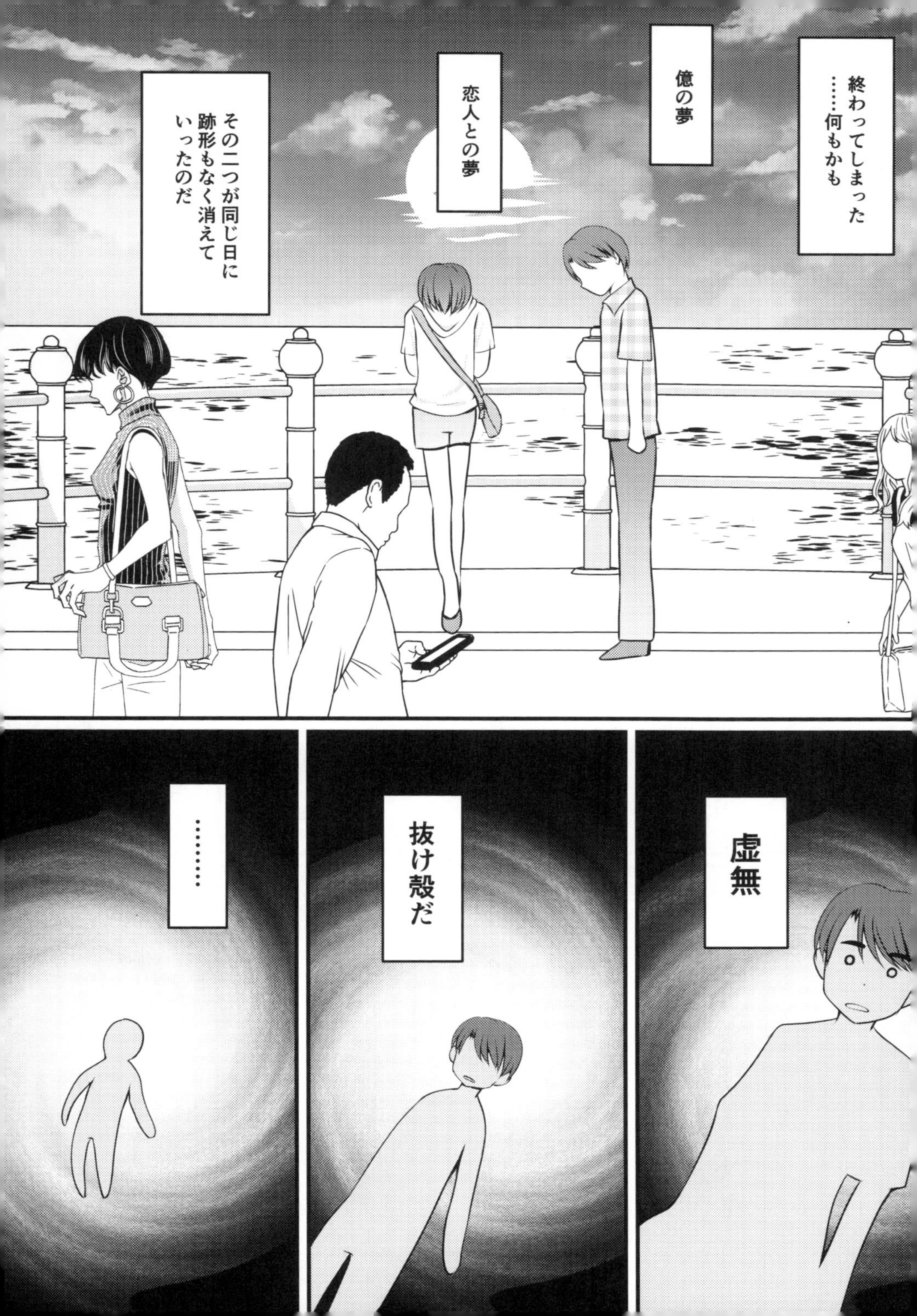

終わってしまった
……何もかも
億の夢
恋人との夢
その二つが同じ日に
跡形もなく消えて
いったのだ
虚無
抜け殻だ
………

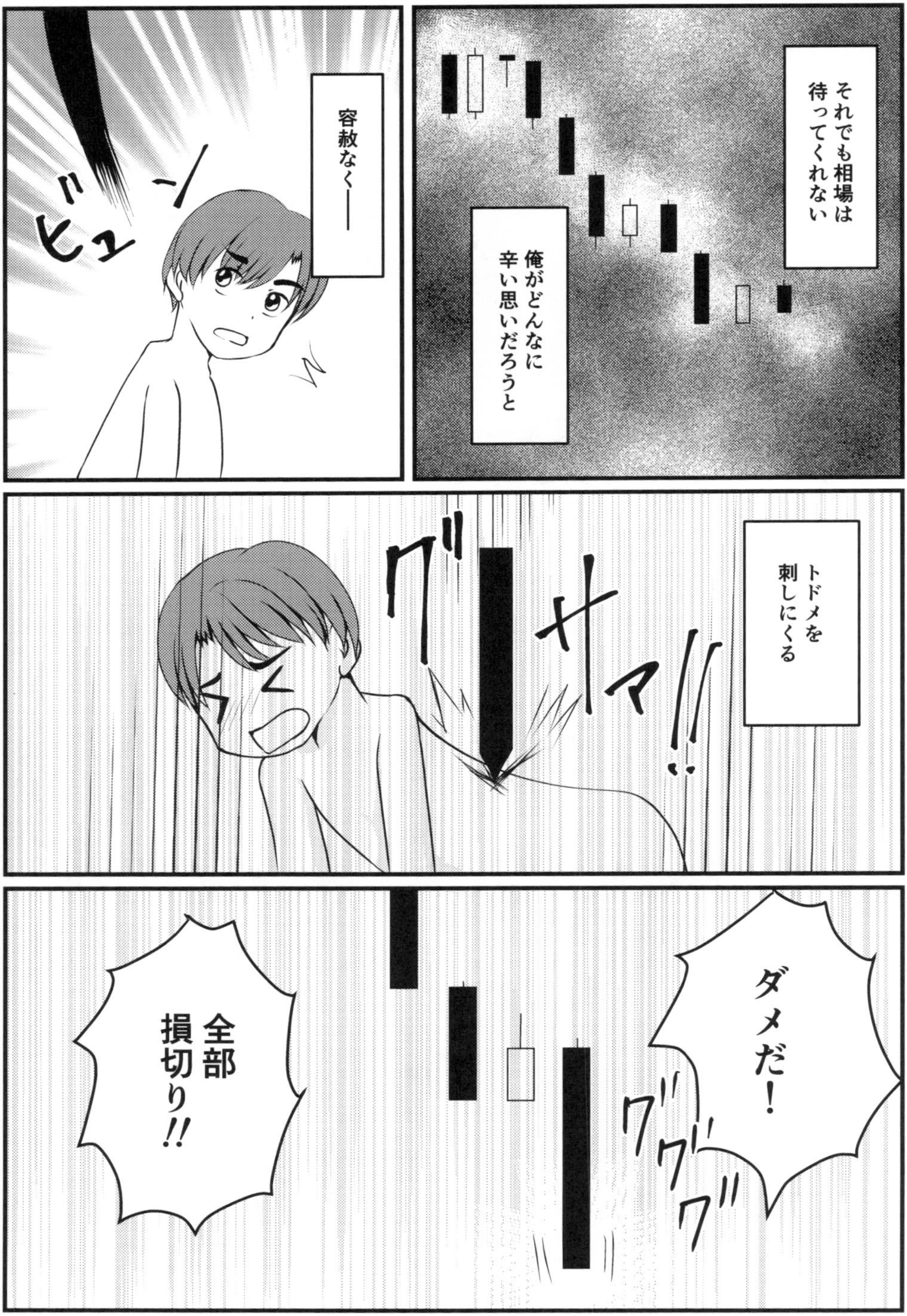
それでも相場は待ってくれない
俺がどんなに辛い思いだろうと
容赦なく――
ビュン
トドメを刺しにくる
グサァ!!
ダメだ!
全部損切り!!
グググ

2013年5月16日 AM10時
あ――――
昨日スイングトレードで大きくやられたのに
実現損益 (!) -17,120,50
全て損切りして▲1700万の大敗
……
半ばヤケクソで再び株を持ち越していた
ダメだ何も考えられない

ボーッ
ボーッ
もう前場終わりか……
A 般
?
11:31
2013/05/16
※2011年より前場の取引時間は
9時〜11時半に拡大されている
一億達成からたった一日半で6200万の損失
逆に凄くないか!?
この振り幅!!
ブン
ブン
……いやいや何ドヤってんだ俺は

違う！
今やるべきことは
こんな状況でも
資産を少しでも
残すこと！
出金だ!!
ぐっ
額
42,103,784
付日
2013/05/16
金日
2013/05/17
料
無料
額
35,103,784 円
金・証拠金振替はこちら
昼休み中に残った
資金の内700万だけ
残して
3500万を出金した
色々あったが
それでも半年で
何千万という大金
を手に入れた
普通に考えれば
十分すぎる額だ
保証金余裕額
7,000,000円
信用新規建余力
23,333,333円
＞戻る
その上で700万から
新たな勝負を始め
られる……
これからは
余裕を持って
株を楽しもう

そして後場から新たな戦いが始まる
2013
5/16
12:30
あれほど抜け殻になっていた気持ちが
あぁぁ
出金という区切りをつけたことで一気に軽くなった
生まれ変わったような気分だ
心だけじゃない
カチ
カチ
資金を減らしたことでトレードのフットワークも軽くなった
気付けば後場だけで700万が950万になっていた
保証金余裕額
9,537,812円
信用新規建余力
31,792,706円

次の日も
その次の日も
取引
口座管理
■取引履歴
■トータルリター
■資産照会
■お客様
■電子交付書面
着実に資金を増やして
カチッ
お客様情報変更 >
手数料コース >
資産合計
15,042,759円
前日比
+3,251,681
■ 投資信託
■ 国内株式
1500万!!
2日半で倍以上だ!!
ん?待てよ?
てことは出金せずに4200万でやっていたら8000万以上に?

億を取り返せたかも……!?
いやいや!
出金したから勝てたこともある
ブン
これでいいんだ
これからは余裕資金でやるんだから——
いや!…でもどうせやるなら勝ち額は多い方が…
銀行に入れておくだけってのも資金効率悪いよな
そうだそうだ! ちまちま勝ったって嬉しくねーだろ?

ダメだ！せっかく出金したんだから！
うるせーぞ！銀行に入れっぱなしで何かメリットあんのかよ
預けておけばまたトレードでブッこんで一日に何千万も溶かすことはないぞ！
バーム
バム
…………

葛藤の末
5月22日
入金指示
振込金額
10000000
パスワード
****
禁断の入金
WIN
1000万くらいいいだろ………
既に800万勝ってるわけだし
株は複利の力を使っていかないとな
この選択が吉と出るか凶と出るか
波乱のトレード人生はまだまだ続く………

9章 奇跡的に返り咲くも、悪夢再び

5月22日 1000万入金した
これで更に爆益だー！
カチッ
見事に玉砕
実現損益（！）　−8,621,000
ちゅどーーん
ギャー
あまりにもあっけなく溶ける資金
■入金指示
それが歯がゆくて更に650万の入金をしてしまった
完全に俺の中の制御装置が壊れていた
入金額　6500000
パスワード　＊＊＊＊

そして翌日
実現損益(!)　−10,075,7
ド　銘柄名　実現損益　区分　市場
悪夢は繰り返す
「1000くらいなら別に…」という中途半端な油断を相場は見逃さない
1650万入金して
あっという間に1900万近く負けた…
何をやってるんだ!!
俺は!!

…はぁ
俺は間違っていた
株は複利の力を使っていかないとな
「無くしてもいい範囲の金」なんてあるわけがない
そんな半端な覚悟では負けて当然だ
もう中途半端な気持ちで
株はやらない!!
メラ
メラ
常に全力でぶつかる!!
カタ
カタ

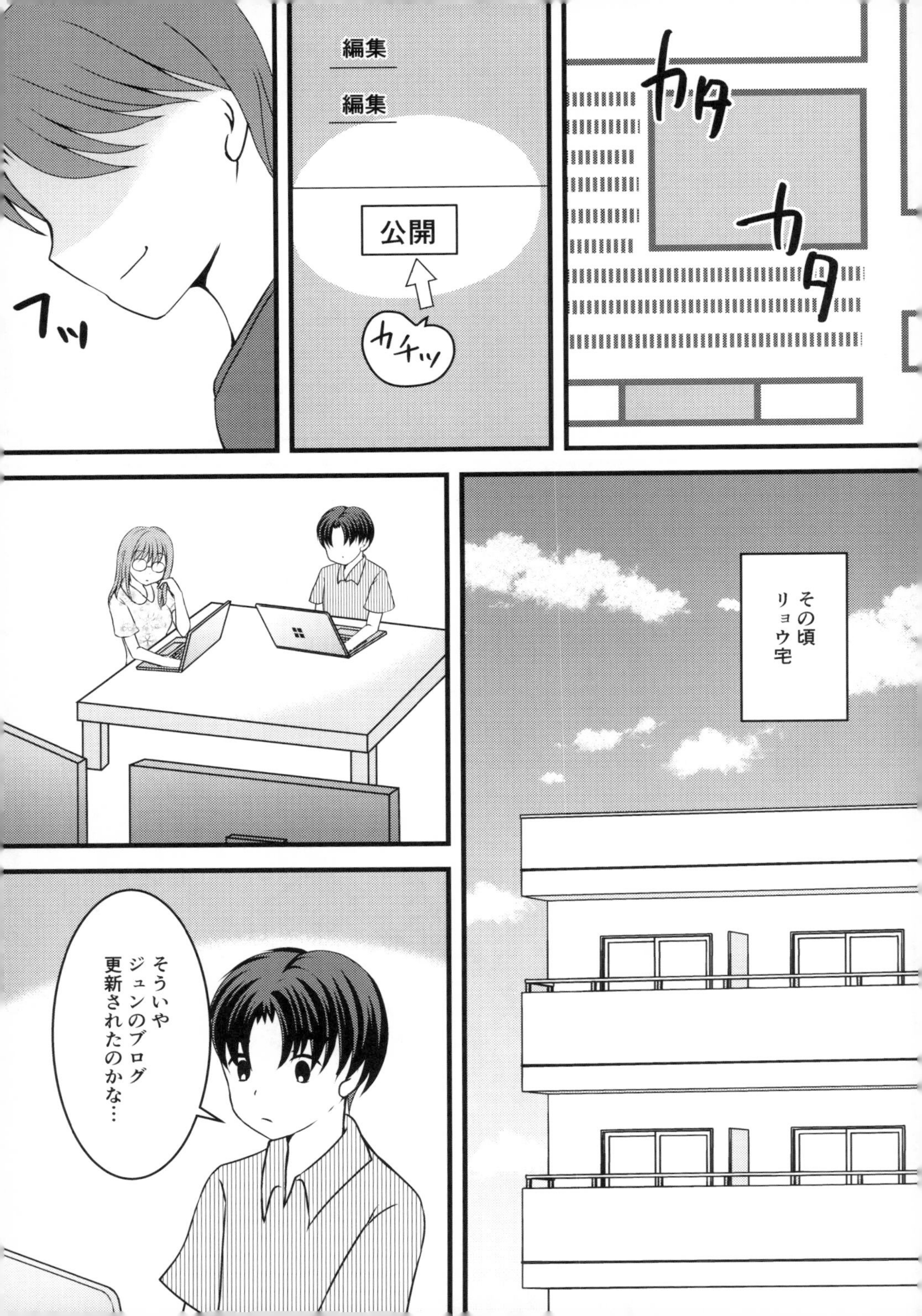
カタ
カタ
編集
編集
公開
カチッ
フッ
その頃
リョウ宅
そういや
ジュンのブログ
更新されたのかな…

一億達成してから
かなり減らして
たからな
少しは懲りて
大人しいトレードに
なってるか…な!?
はぁ!?
ビクッ
何!?
大きい声出して!
あわわ
もうー
い…いや
だって…
ジュンが……ッ

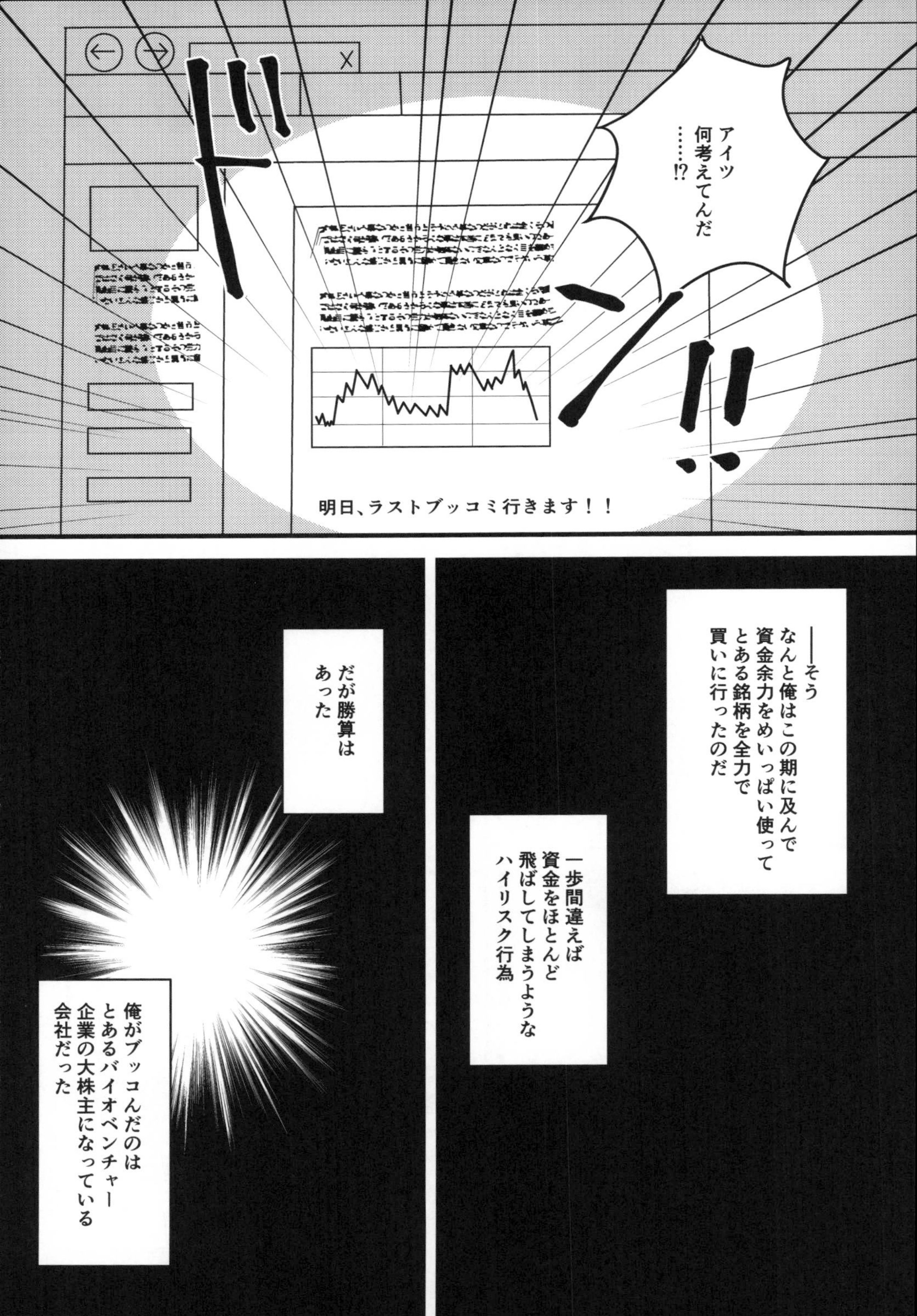
アイツ
何考えてんだ
……⁉
ドン!!
明日、ラストブッコミ行きます！！
——そう
なんと俺はこの期に及んで
資金余力をめいっぱい使って
とある銘柄を全力で
買いに行ったのだ
一歩間違えば
資金をほとんど
飛ばしてしまうような
ハイリスク行為
だが勝算は
あった
俺がブッコんだのは
とあるバイオベンチャー
企業の大株主になっている
会社だった

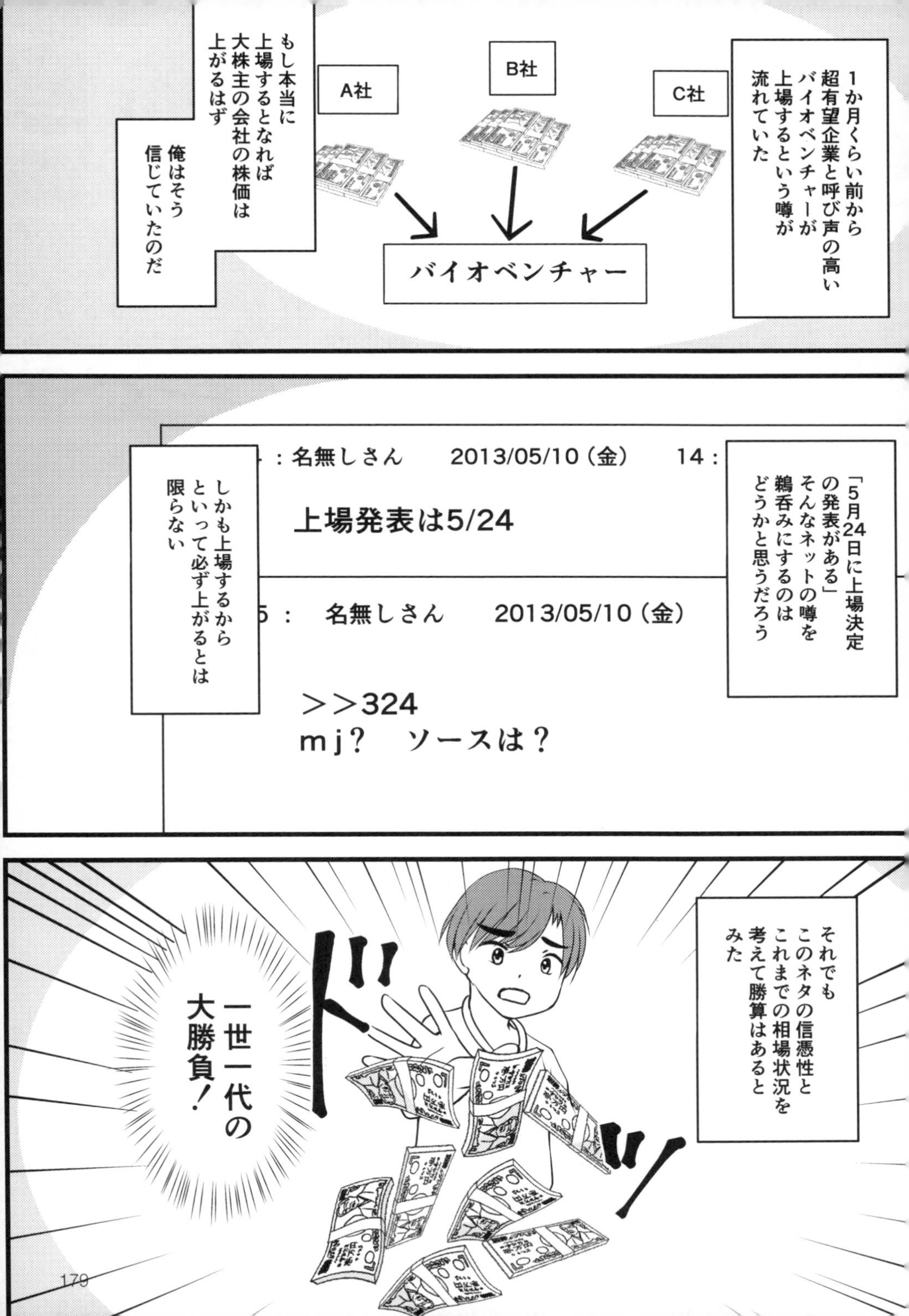
1か月くらい前から超有望企業と呼び声の高いバイオベンチャーが上場するという噂が流れていた
C社
B社
A社
バイオベンチャー
もし本当に上場するとなれば大株主の会社の株価は上がるはず
俺はそう信じていたのだ
「5月24日に上場決定の発表がある」そんなネットの噂を鵜呑みにするのはどうかと思うだろう
：名無しさん　2013/05/10（金）　14：
上場発表は5/24
5：　名無しさん　2013/05/10（金）
＞＞324
mj？　ソースは？
しかも上場するからといって必ず上がるとは限らない
それでもこのネタの信憑性とこれまでの相場状況を考えて勝算はあるとみた
ドッ
一世一代の大勝負！

結果は……
スッ
IR情報
2013/05/24　16：00 NEW
東京証券取引所　マザーズへの上場のお知らせ
2013/05/24　16：00 NEW
コーポレートガバナンスに関する報告書
や…
やった!!

やった！
いよっし！
噂は本当だった!!
ネットの誰かありがとう!!
月曜が楽しみだ
ふふふ…
翌営業日5月27日
成行
2,621,300
OVER
415
8
1200
3050
80,700
3045
10,200
3040
2,500
3035
5,100
成行
OVER
2,100
500
俺の株は買いが殺到し寄らずのストップ高
翌日も勢いは衰えない
ぐぐぐぐん!!

これはチャンスだ
ここでやらずにいつやるんだ!!!
キッ
買い増しだ!!
1750万追加入金からのフルベット
制度(6ヶ月)
一般(無制限)
一般
15000
株/口
指値
成行
円
下手すりゃ先週の二の舞…
だけど今回は違う!
この株はまだ伸びる!!

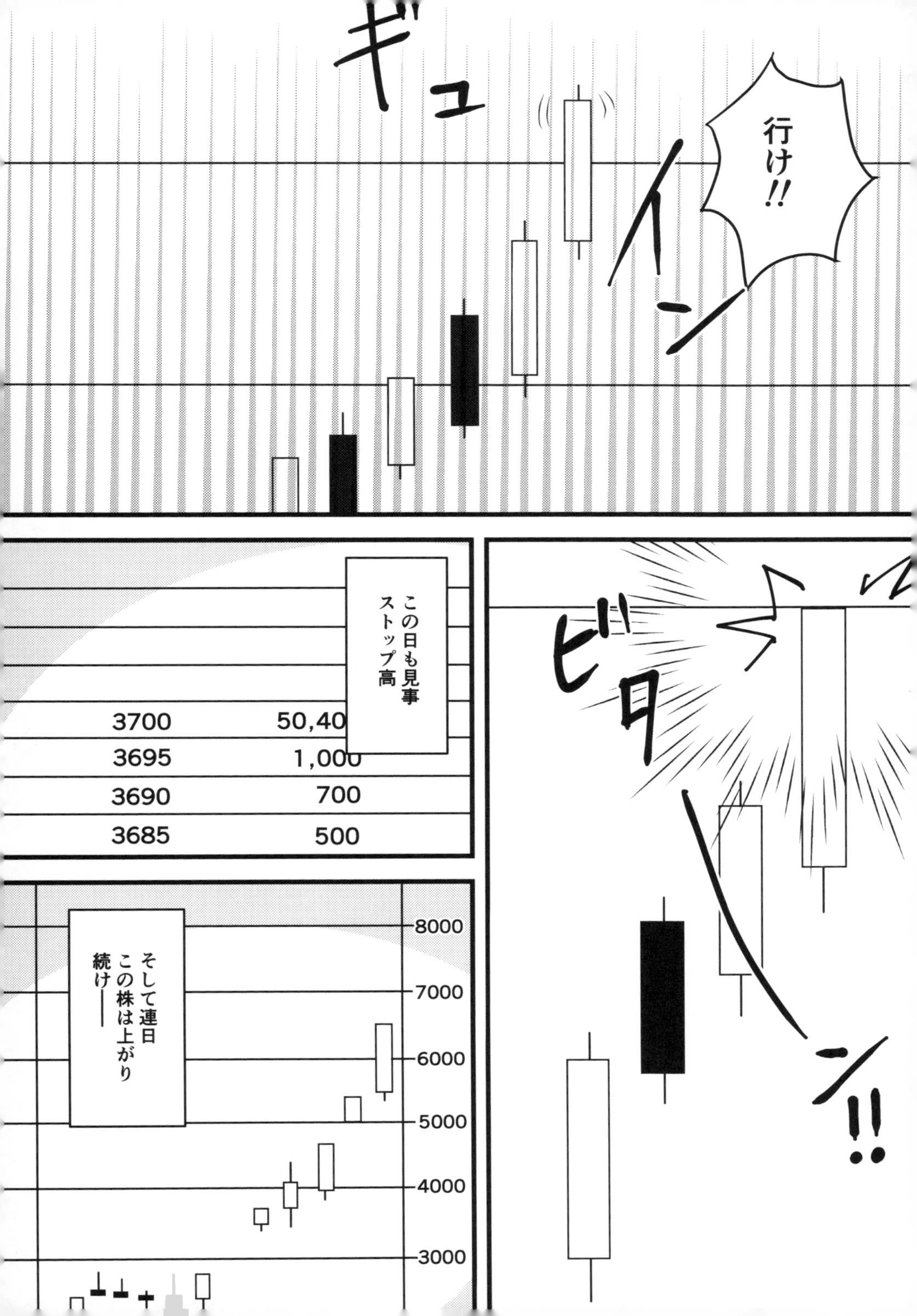
ギュ
イーン
行け!!
ビターン!!
この日も見事ストップ高
3700 50,40
3695 1,000
3690 700
3685 500
そして連日この株は上がり続け――
8000
7000
6000
5000
4000
3000

6月3日
資産合計　117,045,78
前日比　＋20,341
資産は一億1700万を突破
■投資信託
■国内株式
■外国株式
■先物オプション
億り人!!
再び!!

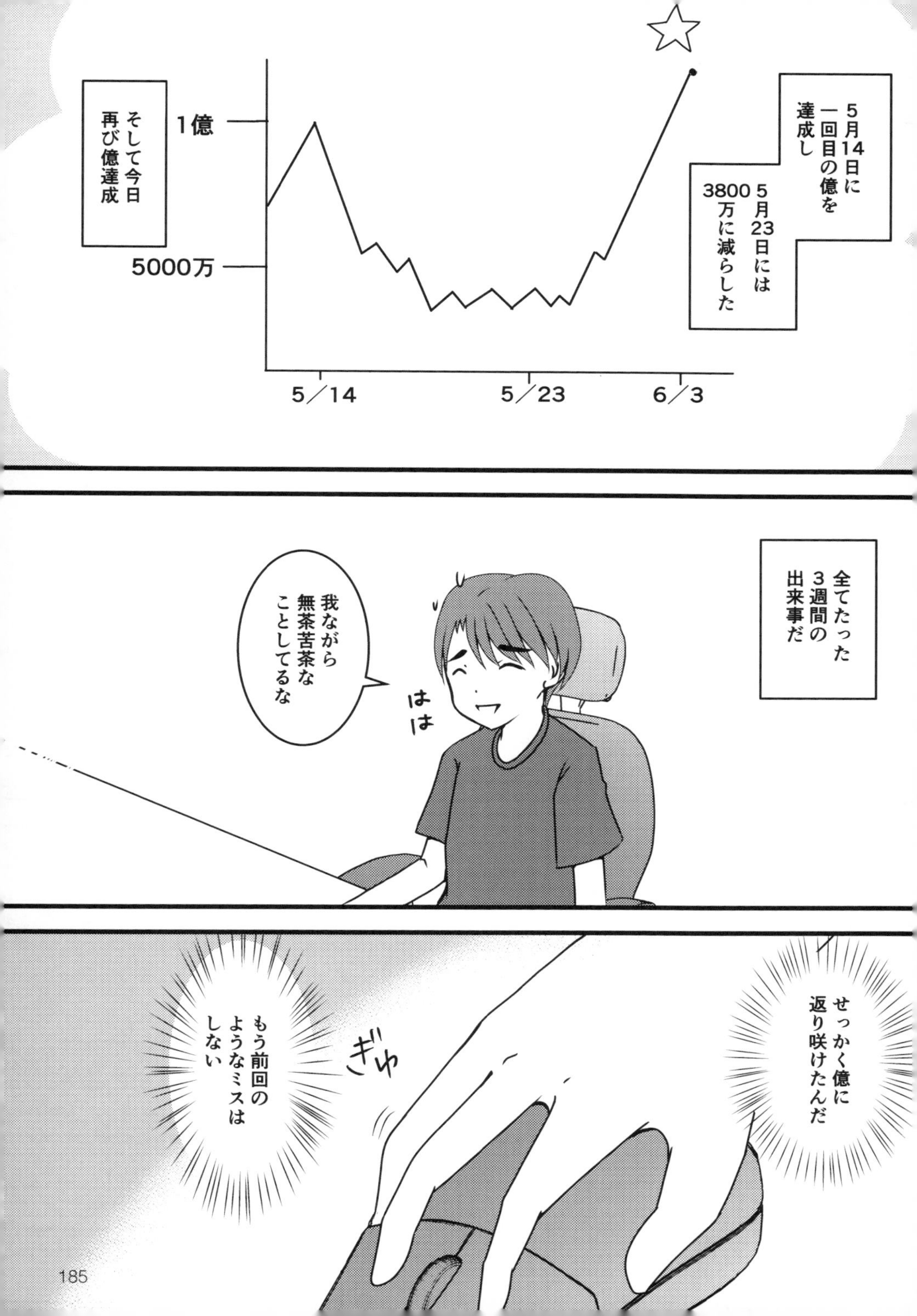
5月14日に一回目の億を達成し
5月23日には3800万に減らした
そして今日再び億達成
1億
5000万
5／14
5／23
6／3
全てたった3週間の出来事だ
我ながら無茶苦茶なことしてるな
はは
せっかく億に返り咲けたんだ
もう前回のようなミスはしない
ぎゅ

前回は持ち越しをして翌日に大きくやられたんだ
通常注文状況
約定
約定
約定
約定
約定
約定
約定
今回はリスクを回避して持っていた株はほとんど売っている
完璧だ！
今度こそ億を維持する!!
はぁ!?
ビクッ

なに！なに!?
いや…ジュンが…
また億いった
え!?
すごいね！ジュンくん
大負けの後に全力でブッこむって言ってた時は正気じゃないと思ったけど
…これが億り人になる奴の器なんだろうな
このままジュンは億トレーダーかぁ
私たちには遠い世界だね
二回目の億達成はその地位を確固たるものにしたと
本人はもちろん兄のリョウですら疑わなかった

しかし翌朝
8時45分
100
12
12
12
12
12
12
11
12,800
7280
7280 82,400
7270 11,000
7260 8,100
なッ
ストップ高
気配…!?
※気配…買い方と売り方がそれぞれ買いたい、売りたいと希望する値段のこと。市場が開くのは9時からだがその前から気配は動いている。
そろそろ下げそうだと思ってほとんど売ったのに
まだ上がるのか!?
クソ…ッ
売らずに持ってれば…!
300,000,000
一億どころか二億…
…いや三億もあり得た!
…!
!
クソ…

そうだ!例の
バイオベンチャーの
株主はこの銘柄
だけじゃない
株主になってる
上場企業
A社
B社
C社
D社
バイオ
ベンチャー
まだまだこいつが
強いなら他のも
引っ張られて上げて
くるに違いない
いける!
他の株主銘柄を
全力買いだー!!
一般
一般(無期限)
制度(6ヶ月)
カタ
30000
株/口
カタ
指値
成行
カチャ
円
俺は他に株主と
なっている銘柄から
2社を選び
ありったけの資金
を投入した
あとは上がるのを
見守るだけ
ぐっ

上がるのを……
ドッ
なっ
なんで!?
ガタッ
だって例の銘柄は
ストップ高に
張り付いて……
……!!!
剥がれた!?
ドッ
いや…
そんなはず…
わなわな

ぐる
そんなはずない
違う…違うんだ
ぐる
ぐる
みるみる膨れ上がる含み損
−1,003,20
−98,00
−2,389,5
−751,000
そして例の銘柄はこの日ストップ高から一転して
ストップ安に張りついて終わった
2,500
5320
5,000
5310
25,800
5300
30,100
5290
103,700
5280
1,200
7,100
4,000
1,300
500
二度目の億達成はまたしても一日天下で幕を閉じたのだった

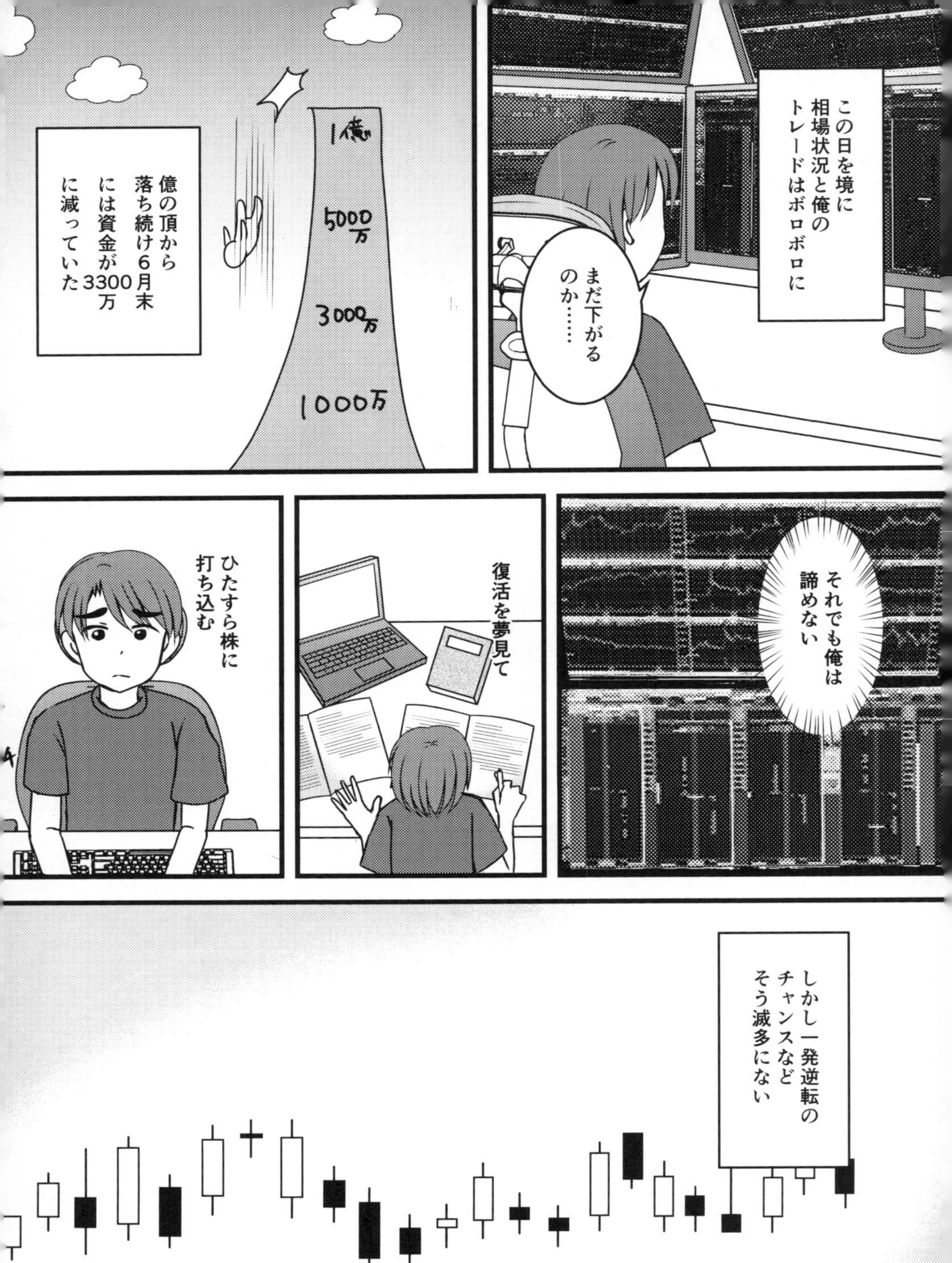
この日を境に相場状況と俺のトレードはボロボロに
まだ下がるのか……
億の頂から落ち続け6月末には資金が3300万に減っていた
1億
5000万
3000万
1000万
それでも俺は諦めない
復活を夢見て
ひたすら株に打ち込む
しかし一発逆転のチャンスなどそう滅多にない

もがけばもがくほど大負けを重ね
7月末には1500万
8月末には1000万にまで減らした
あれだけ出金したりしてたのに
もうこの1000万が全財産
…終わったんだよ
ハハハッ
完全にさ

10章 GAMEOVER… どうにもならない

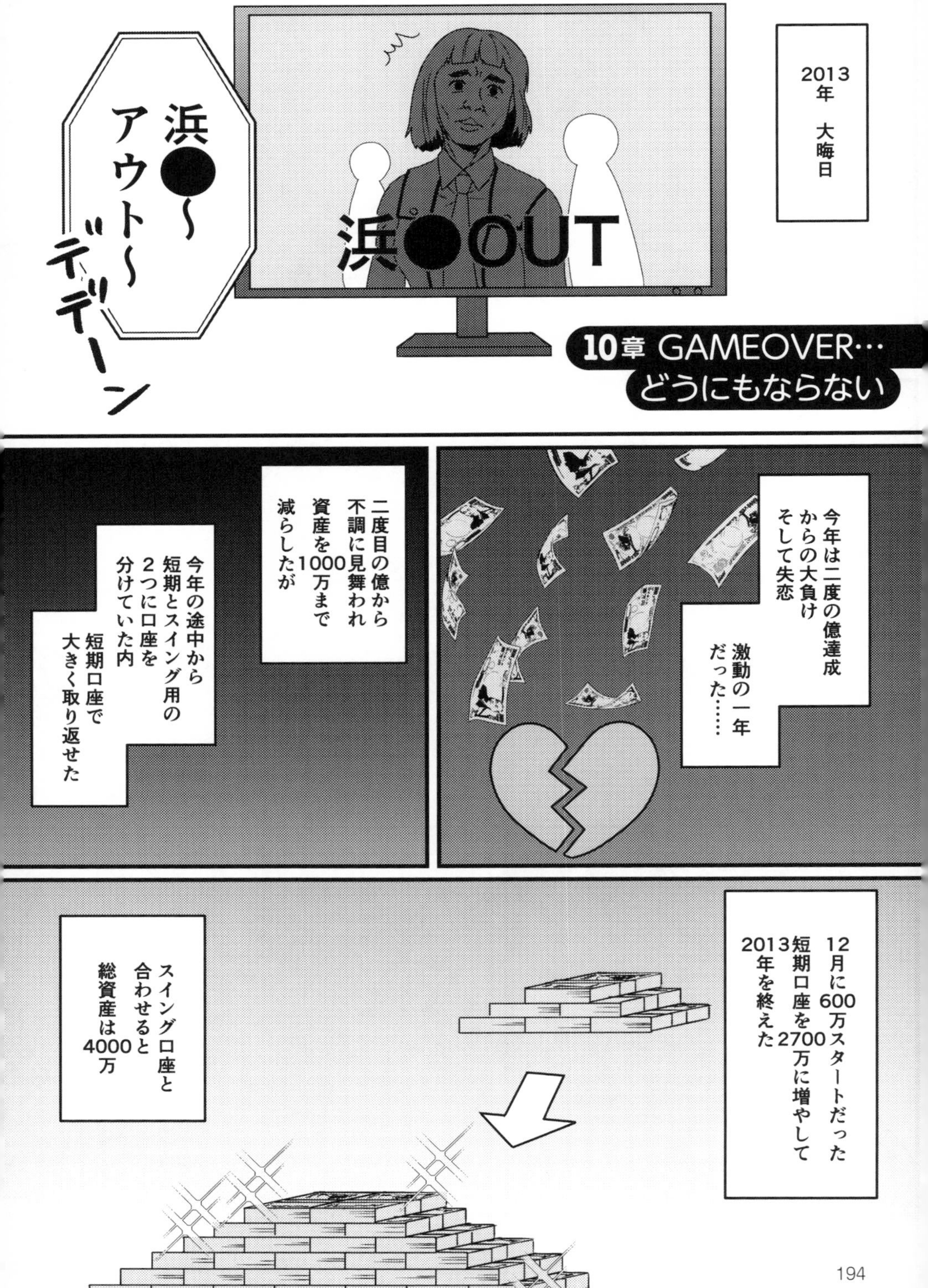
2013年 大晦日
浜●OUT
浜●～アウト～デデーン
今年は二度の億達成からの大負けそして失恋
激動の一年だった……
二度目の億から不調に見舞われ資産を1000万まで減らしたが
今年の途中から短期とスイング用の2つに口座を分けていた内短期口座で大きく取り返せた
12月に600万スタートだった短期口座を2700万に増やして2013年を終えた
スイング口座と合わせると総資産は4000万

億は逃したが
去年の年末は資金が
200万そこそこしか
なかったことを
考えると
この伸び率は
上出来だ
2014年こそ安定して勝ち続けるトレーダーに……!!
ずる
ずる
ずっ
ブチッ
ちょ…
なんで消すのよ!

まだ妊娠初期
なんだから早く
寝た方がいい
……はーい
さすさす
洗い物は俺が
やるからアイは
先に寝て
え！いいの？
ありがとー♡
じゃ
おやすみ
………
今年ももう
終わりか……
12
December

来年には
俺もパパか
……
いやぁ～
実感ねぇな～
デレー
でも子どものためにも
頑張らないと
ジャー
生まれたらジュンにも
抱っこしてもらお
子ども好きだし
……ジュン
アイツ…今月俺と
ほとんどスタート資金
変わらなかったのに
2000万以上
勝ってたな
ちなみに俺は13万勝ち
またこのまま
億の道を突き
進むんだろうか…

そして2014年
よっし! これで12連勝!!
年末の勢い そのままに 快勝
—と思いきや
よ…4連敗
ガクッ
そこから 怒涛の連敗
1000万勝ったら 直後に1000万以上負ける 俺の最大の 問題点
大勝ちした後に 大負けしてしまう のだ
このままじゃ 専業になるのは キツイな……
今の会社は業績不振で 俺の勤めてる営業所からは 撤退することになっていた
なのでこれを機に 再び専業トレーダーへの 挑戦を考えていたが…
何か対策しないと また退場だ…

——それなら資金が無くなる前に出金していくしかない！
そうだ!! 1000万切ったら500万出金するルールに!!!
去年の株の利益の納税が300万くらい控えてるし…
うん そうしよう
我ながらナイスアイデア
6日後
合計 9,860,308
−521,910
■投資信託
■国内株式
お… おぉ………
しゅ… 出金だな
ルールだし

更に数日後
合計　2,551,86
日比　−82,44
■投資信託
■国内株式
う……
……っ
おかしいな…年末には4000万あったのに…
これと出金した500万で755万しか残ってないのか?
いや!でも!5月から本格的に専業としてやってくわけだし!
大丈夫だ!
うん!!大丈夫!!
5月1日
390,765円
前日比　−56,741
■投資信託
ド
だ…いじょうぶ………なのか?

ブン
いや
やるしか
ないんだ!
ブン
今月
なんとしても
勝って
50万出金
してやる!
800 株/口
指値 成行
1012 円
注文
いけ!!
よし!
もう一回!
カチ
カチ
逆に少ない資金
だから小回りの利く
トレードができる

銀行口座入金日
2014/06/0
手数料
無　料
額
50000
証金・証拠金　振替
ピンチもチャンスに変えて5月は70万勝ち
宣言通り50万の出金ができた
6月7月は危ない場面がありつつも
予定通り50万ずつ出金
来月からは更に気をつけて引き締めて100万出金しよう
ヴヴ
ヴーヴヴーヴ
……伊藤？
伊藤
着信中…
拒否してメール送信
拒否
応答
もしもし？
久しぶり！どうしたの？
たまには話そうぜ！飲もうよ
いいね！いつにする？
うん…空いてる
……うんわかった

数日後
おぉ！ジュンお疲れ～
お！ジュン！
なんだ～もう飲んでるの？
早いって
あぁ！紹介するわ
彼女はヒナちゃん
よろしくお願いします

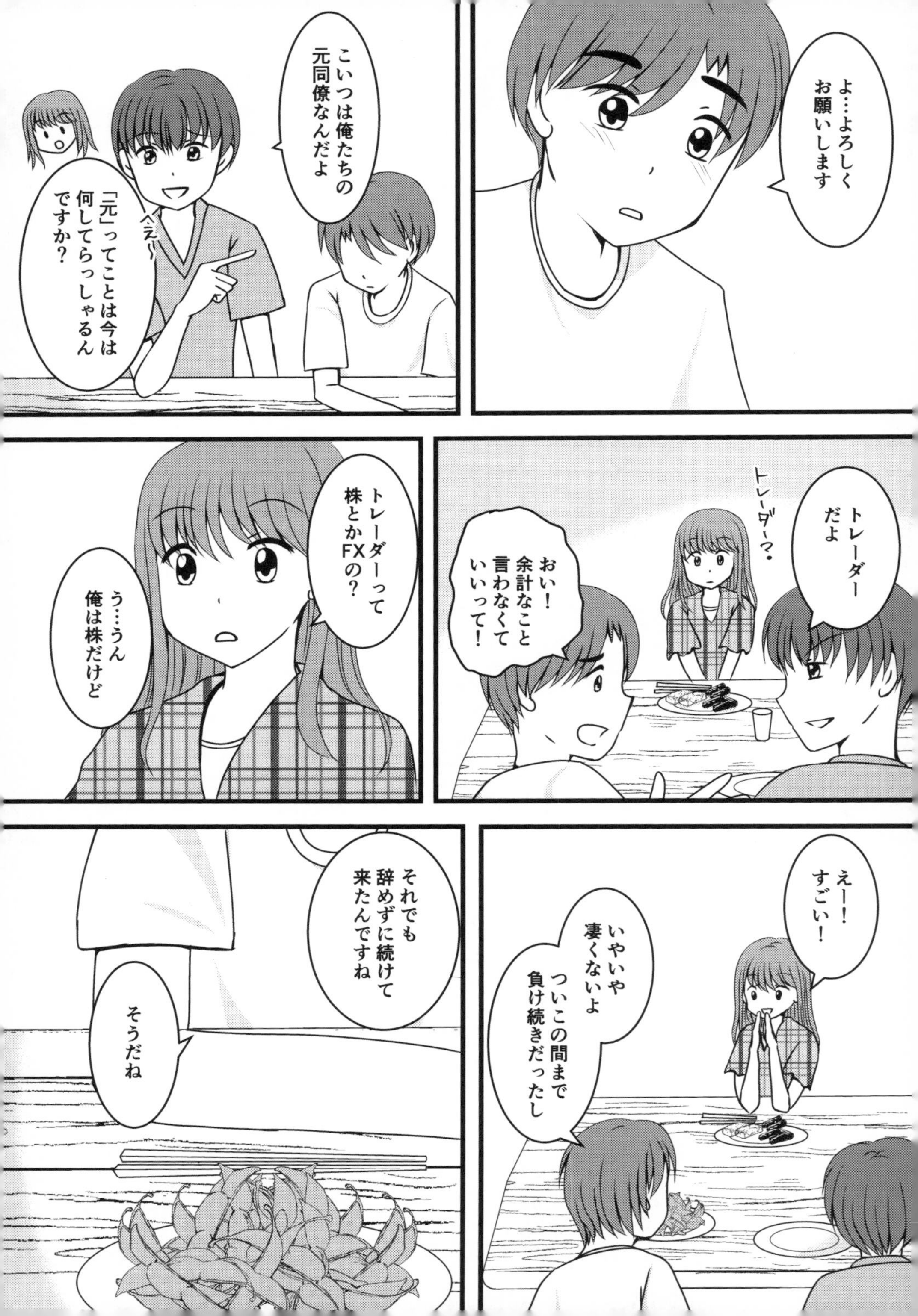
よ…よろしく お願いします
こいつは俺たちの元同僚なんだよ
へえ～
「元」ってことは今は何してらっしゃるんですか？
トレーダーだよ
トレーダー？
おい！ 余計なこと言わなくていいって！
トレーダーって株とかFXの？
う…うん 俺は株だけど
えー！ すごい！
いやいや 凄くないよ
ついこの間まで負け続きだったし
それでも辞めずに続けて来たんですね
そうだね

トレードで成功したいって夢があるからね
あ…やばい
今ので完全に引かれ…
わかります
え!?
私にも夢があるから
夢を追ってる人の気持ちってよくわかります!

衝撃だった
そんな風に自分を認めてくれるとは思っていなかった
「専業トレーダー」など得体の知れない
貯金も収入も不安定な男を相手にする女性など滅多にいない
にも関わらずヒナは俺を受け入れてくれた
やっぱりずっとパソコンみてるの？
9時から15時は基本見てるよ
そして付き合い始めて間もなく俺たちは同棲を始める
これどこに運ぶ？
とりあえずそこ置いといて

8月は月初に100万負けたりと波乱の幕開けだったが
その後はトントン拍子で勝って9月は＋550万の快勝
目標の月100万出金も達成できて順調そのものだ
それに今回の専業生活はヒナがいる
あれ？どこにいれたっけ？
彼女のためにも頑張らないと
あ！あったあった
しかしその明るい未来は脆く崩れ去る

10月1日
実現損益　（！）－1,562,800
…………
だ…大丈夫 これくらいの負けは今までもあった
ごくり
頑張れば取り返せる
だが悪い流れは容赦なく続く
結局10月は100万負け
－1,005,6
11月は260万負け
－2,614,700
そして2014年も終わる頃…

ジュン？
食べないの？
…………
当然月100万の出金ルールも守れていない
ジュン？
…え？
あぁ！ごめん…
はっ
これじゃあ
また……
いや！ダメだ!!
退場するわけにはいかない！
……ヒナ
ん？

来年から毎年1000万以上出金できなかったら
俺専業トレーダーやめる
急にどうしたの?
俺なりの覚悟というか……
ギュッ
2015年は勝負の年だと思ってるんだ

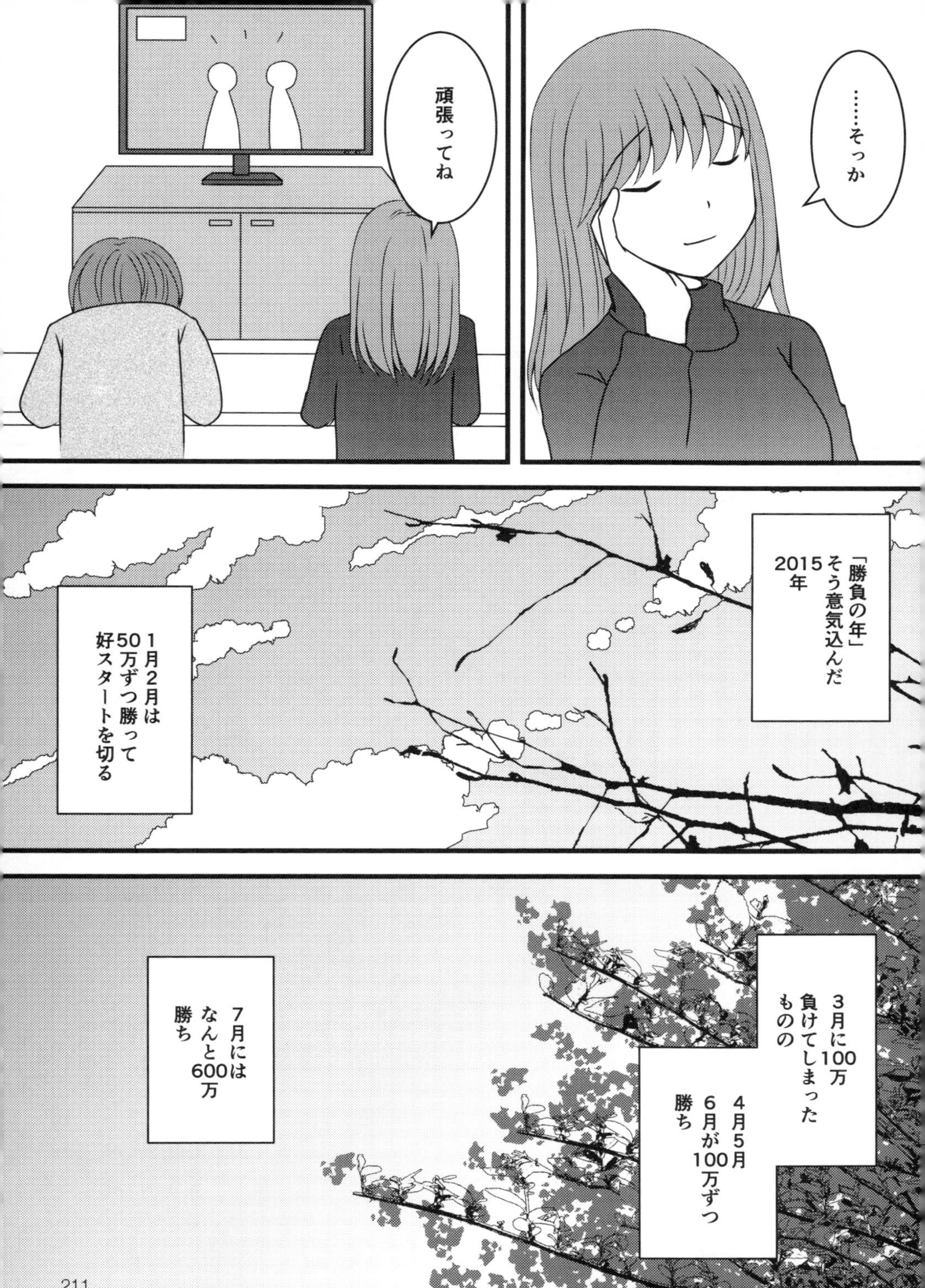
……そっか
頑張ってね
「勝負の年」そう意気込んだ2015年
1月2月は50万ずつ勝って好スタートを切る
3月に100万負けてしまったものの
4月5月6月が100万ずつ勝ち
7月にはなんと600万勝ち

今年の利益は これで900万!!
このペースなら 1000万の出金も 余裕だ!
慢心
これまで調子が 良いとすぐ油断して 大火傷をしてきた
二度の億達成の時もそうだ
栄光を掴んだことで気が大きくなってしまうのだ
そして またしても——

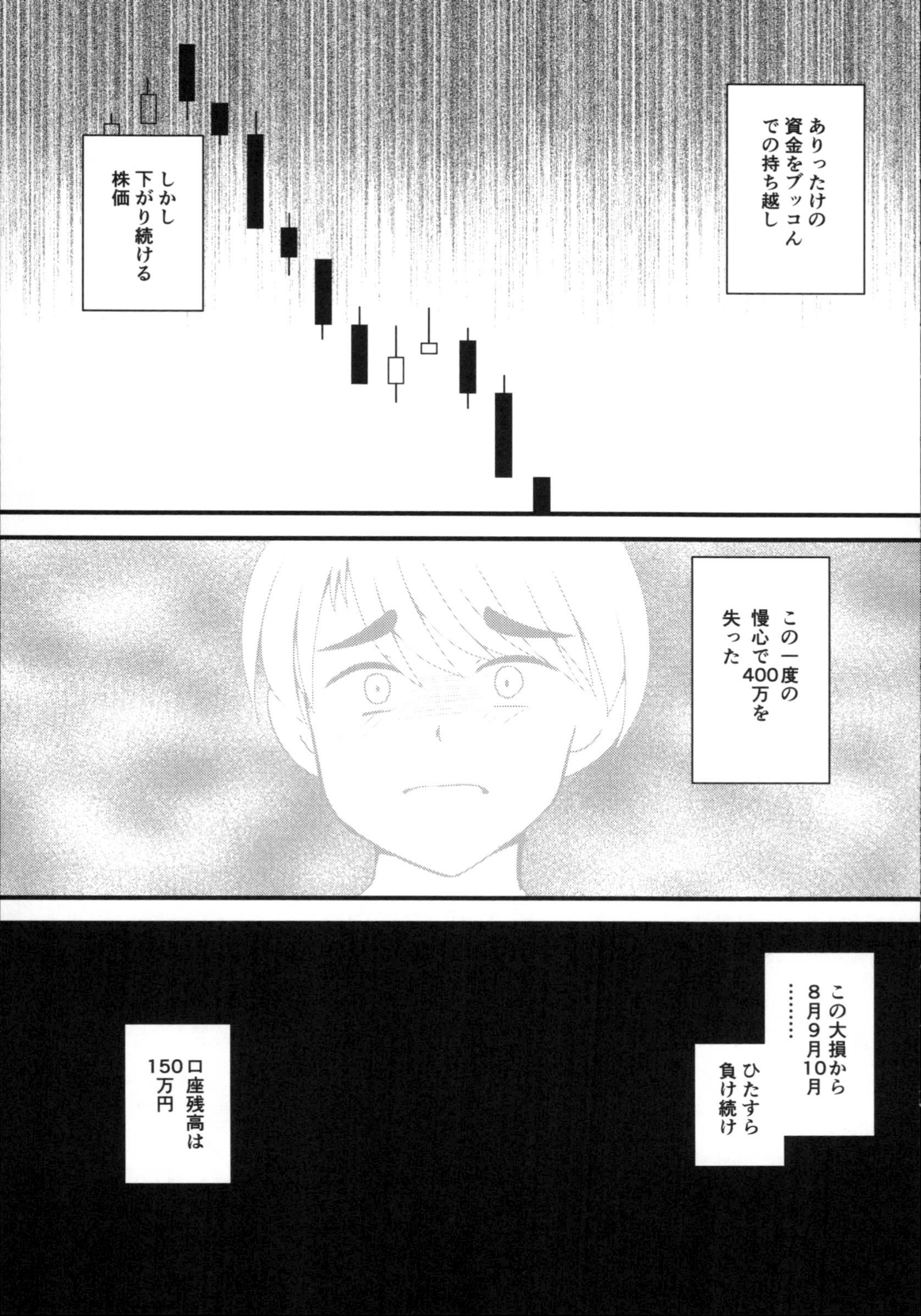
ありったけの資金をブッコんでの持ち越し
しかし下がり続ける株価
この一度の慢心で400万を失った
この大損から8月9月10月……
ひたすら負け続け
口座残高は150万円

まずいまずい
まずいまずい
ガタ
ガタ
今年まだ100万しか
出金してないのに
ガタ
あと2か月で
900万勝たないと
900万……
11月9日
保証金余裕額
356,744円
信用新規建余力
勝てない

900万増やすどころか
100万以上減ってる
■入金指示
振込金額
パスワード
次へ
この資金量じゃ
まともにトレード
できない
少しだけ
入金を……
しかし
入金しても
勝てない
評価損
−10,500
−7,000
−23,000
−40,000
−1,200
+1,500
4,000
まるで
勝てない
来年から毎年
1000万以上出金
できなかったら
俺
専業トレーダー
やめる
ダメだ…
できない

これまで幾度となく株には打ちのめされてきたが
この振り幅!!
逆に凄くないか!?
もう負けられない
もう
諦めたくない……っ
「この負けを次に活かそう」と常に前を向いてきた
この調子でいけば何でも買ってあげられる
カラカラ
俺のトレーダー人生はこれから始まるんだ!!
復活を夢見て
ひたすら株に打ち込む
カチャカチャ
でも今回ばかりは……
もう……
ゲームオーバーだ

あとがき

トレードアイランドというリアルなトレード結果が反映されるサイトに当時参加していました。

２０１３年、ニートレＤのリアル結果はリンク先の旧トレードアイランドで確認できます。リンクはこちらになります。

https://www.click-sec.com/trade/rank_user.html?uid=01c797551fa75279d472dc09736e92d1

（リンク先ではトレアイで1位を獲得した２０１７年7月を始め、他の年のトレード結果も閲覧できます）

ただ、当時は入金をすると「現在資産」や「当初資産」の欄が増え、出金しても減らない仕組みになっていたため、本編にあるように入出金を繰り返したことで実際よりも3550万円も資産が多く表示されてしまっています（出金6450万、入金3550万）

トレード損益の+33,933,178 円は正しい表示で、約定代金の9,120,084,650 円も正しい表示となります。
５月末の実際の資産は表示資産より3550万少なく、さらに末日に1800万の出金も行ったため、６月の当初資産が極端に少なくなっています。
他の証券会社も使っているため本編の金額と誤差が生じ、ややこしくなってしまっていますが、当時の細かい資産推移は当時のブログ記事を参照して下さい。
http://kabutrade1.blog76.fc2.com/blog-date-201306.html
漫画内はわかりやすくするため１つの口座画面で１億と記載してありますが、実際は２口座合計で１億を突破しています。

その後のニートレＤのトレード人生はＷＥＢ小説『株で億を４回つかんで４回破産した男』をご覧下さい。
２０２０年、２０２１年のトレード成績は兄のYouTube『デイトレ塾―Ｒょーへー』の中で詳しく公開されています。

PROFILE

ニートレD

1983年生まれ。大学卒業直前に株に出会う。新卒で入った会社で営業の仕事の傍ら株でお金を減らし続ける。4年目に会社を辞め専業トレーダーになるも半年で退場。再就職してしばらくして株を再開するとアベノミクスで1億を稼ぎ専業トレーダーに復帰。波乱万丈な収支ながら現在も専業トレーダーにしがみついている。

ノンフィクションWEB小説『株で億を4回つかんで4回破産した男』

Twitter　https://twitter.com/dtwitted

Rょーへー

1981年生まれ。大学卒業後、弟の勧めもありデイトレーダーとなるも1年負け続ける。後がないほど追い詰められ、やっと勝つ力を身に付ける。現在はリスクを抑えてコツコツ稼ぐデイトレに励みつつ、勝てなかった頃の苦しい経験を生かして『デイトレで勝てない人のためのブログ』、チャンネル登録者5万人オーバーのYouTubeチャンネル『デイトレ塾 -Rょーへー』にてデイトレで負けないための考え方、練習方法を発信中。

ノンフィクションWEB小説『株で億り人になった弟を持つ男』

Twitter　https://twitter.com/jestryoR

鳴海 薫（なるみかおる）

原案担当。中央大学 文学部卒。大学在学中に複数の漫画家のもとでアシスタントを経験。趣味はトレードと麻雀

あまのえりこ

愛知県出身／漫画家＆イラストレーター

2017年4月からフリーランスとして活動開始。主に企業の広告やPR漫画を描いています。

インスタ　https://www.instagram.com/erikoamano/

Twitter　https://twitter.com/eriko_amano

株《かぶ》で「1日《にち》だけ億《おく》り人《びと》」に2度《ど》なった男《おとこ》
一《いち》日《にち》天《てん》下《か》人《びと》から破産《はさん》まで、そして…

二〇二三年七月二十九日　初版第一刷

著者　ニートレD&Rょーへー
発行者　河野和憲
発行所　株式会社　彩流社
〒101-0051　東京都千代田区神田神保町3-10　大行ビル6階
TEL：03-3234-5931
FAX：03-3234-5932
E-mail：sairyusha@sairyusha.co.jp

印刷　モリモト印刷（株）
製本　（株）難波製本
装丁・組版　中山デザイン事務所

ISBN978-4-7791-2914-8 C0033
https://www.sairyusha.co.jp